コロナと精神分析的臨床

「会うこと」の喪失と回復

荻本快　北山修　編著

木立の文庫

はじめに　――月・不要不急？・会うこと

荻本 快

日本列島と疫病

日本列島は古代から繰り返し疫病にさらされてきました。富士川游著『日本疾病史』によると、仏教の伝来と共に大陸から疫病が伝わったという記録があり、日本で疫病が流行した記録が残っていて、この多くは天然痘ではないかと言われているそうです。奈良時代の前後に、日本人はかなり疫病に苦しんでいたことがわかります(1)。

この時代に編まれた和歌集に万葉集がありますが、そのなかに「月」を詠んだ歌があります。

我妹子《わぎもこ》や　我を思はば　まそ鏡　照り出づる月の　影に見え来ね　［巻十一・二四六二］

中世日本文学者のツベタナ・クリステワは、この歌の意味を次のようにとらえて――「いとしい妻よ、私のことを思ってくれるのなら、真鏡のように照り出す月の影とともに見えておくれ」、この歌では「月の影」が「鏡」（鏡・見）にたとえられていて、その影（光）は月の光だけでなく、いとしい人の「影」、面影でもあるのです。「妻を想う夫が月を見ている。もし妻がこの月を見ていたら、鏡のように月にいとしい人の面影が映るのに……」ということだそうです。[2] 私たちと同じ疫病の時代でもあった奈良時代に、このような歌が詠まれていました。

コロナ禍における遠隔の臨床では、私たちはコンピュータのスクリーンに映る光の明滅を見て、それが会いたい人の顔なのだと思おうとしたり、会った気になったりしますが、奈良時代の人は月を観て、それを鏡だと思い、相手が同じように月を観ていて、月に相手の姿が映ればと、「会いたい」と願っていたようです。

コロナ禍が日本の精神分析的な臨床に与えた影響について

二〇二〇年一月二十三日に中国武漢市が封鎖となり、二月には、横浜港に停泊したクルーズ船ダイヤモンド・プリンセス号で〈新型コロナウイルス〉の集団感染が明らかになります。三月には欧州や米国がパンデミックとなり、その地域に住む精神分析家や精神分析的な臨床家から次々に「遠隔での臨床に入った」という連絡が入り始めます。日本でも三月以降に市中感染が拡大し、多くの方が亡くなるようになり、オンラインのセッションを検討する臨床家が増えていきました。その後、四月七日に七都府県に〔十六日には十三都道府県に〕緊急事態宣言が発出され、Stay Homeの呼びかけがあり、そして宣言が五月二十五日に解除されるなかで、私たちの臨床は、オンラインへの移行／中断／休止／「実在の部屋」での臨床の継続、という選択をせまられたと思います。

精神分析的臨床では、クライエント（患者）と臨床家が同じ部屋で会って話し、無意識の領域に向けてこころの探求をおこないます。特に日本においては、人と人が実際に会って、実在の部屋に居るというのが、疑いようもない前提となっていました。それが、今回のコロナ禍において全く変わったのです。

「不要不急」の外出の自粛を要請する政府の緊急事態宣言を受けて、臨床心理士や精神科医、看護師あるいはソーシャルワーカーといった臨床家たちは、コロナ禍のなかで、自分たちが面接を続けることができるのか、あるいは面接をどのような形で続けられるのか、クライエント（患者）と話し合いながら、手探りで進んだといえるでしょう。臨床家とクライエントは、自分たちが続けてきたことは不要不急のものだったのか、そして自己にとってあるいは人間にとって「会うこと」とは何なのかを、根底から見つめ直さざるを得ない状況に投げ込まれたのです。

オンラインの臨床に移行した方、実在の部屋で会うことを続けた方、休止や中断に追い込まれた方、さまざまだったと思います。関連して、心理臨床の業種における格差も浮き彫りになりました。非常勤や委託で働く臨床家の多くは、セッションの継続の可否を決めることができず、オンラインへの移行に関する決定権を持っていない場合があります。そのため、自分たちではセッションの継続を決めることができず、所属組織において心理療法や精神療法は「不要不急」のものとされ、半ば強制的にセッションが休止・中断することになった例を聞いています。臨床家としての仕事自体が無くなったということもあったようです。治療設定 *therapeutic setting* の変更やセッションの休止・中断によって、それまでに蓄積した作業の何が失われたのかを見つめ、語り、悼む「喪の作業」をすることができなかったのです。

そして、コロナ禍によって、これまで表に上がっていなかった個々の患者、臨床家と所属している組織がもつ世界観や人間観の違いが、かなり明らかになってきているように思います。

例えば、新型コロナウイルスというものの脅威をどのように考えるのか。緊急事態宣言を出した政府に対する考え方の違い、患者やクライエントと実際に会うのか会わないのか。また、人間というものは遠隔の通信によって成長できるものなのか、といったことです。職場によっては、長い議論が交わされたと聞いていますし、議論が物別れに終わったという話も耳にしていました。

この本について

こうした状況のなか、新型コロナウイルスの第二波の直前の八月十日に、私たちは、この本の元となるシンポジウム《コロナと精神分析的臨床――距離、オンライン、会うこと》〔現代精神分析研究会〕を開催しました。

オンラインでおこなわれたこの学術集会は、結果的に、日本で初めて大規模にそのテーマについて検討した会となり、多くの臨床家の参加がありました。さまざまな実践例を通して、コロナ禍における精神分析的な臨床とは何なのか、どうあるべきかを考える発表が続き、実践上の留意点から、臨床の前提となる人間観まで、幅広く濃密な議論が展開し、議論は自然と、人間にとって「会うこと」とは何なのか、オンラインでつながることが人間の発達にどのような影響を及ぼすのか、といった問題へと収束していったのです。

編者のひとりである北山修も、朝日新聞のインタビュー、北山精神文化研究所の《北山Webinar》や木立の文庫が主催する一般公開講座《きたやまWebinar》において、インターネット時代やコロナ禍における精神分析的臨床や、コロナ禍における「愛」について、積極的に発信していました。北山と荻本は、シンポジウムで議論されたことがその後もさまざまな学術集会や会合で議論されているのを耳にして、このテーマの重要性を感じるとともに、シンポジウムに参加できなかった方々とも意見を交換しあえるような場をつくりたいと考えました。そこで企画されたのが、この書籍です。

本書では、編者と六名の精神分析的な臨床家の事例に基づく論考を中心に、シンポジウムに参加してくださった臨床家による興味深い寄稿を挟みながら、臨床家がコロナ禍で体験していることや、クライエントや患者と共に考えていることが語られます。最後に、北山に対して荻本が問いを立て、北山に答えてもらう〈問答〉を掲載しました。なお、随所ページ下部に、本文中のキーワードと他章とのつながりを記した編者註を付してあります。

そして本書は、コロナ禍における精神分析的な臨床とは何なのか、どうあるべきかを考えていくだけでなく、人間にとって重層的に「あうこと」とは何かを問い直すことを目的としています。すべての臨床がそうであるように、私たちは、この状況において安易に答えを出そうとはせず、思考を続けていくことが、コロナ禍において「あうこと」を重層的に取り戻すことにつながっていくのではないかと思っています。

＊　＊　＊

コロナ「第一波」の緊急事態宣言が解除されてすぐの週末でした。近所の小さな公園を通りがかったときに、若い高校生くらいのカップルがベンチに座り、話し合っていました。二人はベンチの端と端に座って、物理的な距離をとりながら、二人しか聞こえないくらいの声で、恥ずかしそうに、マスク越しでもはにかんでいるのがわかる様子で、語り合っていました。二人はまさにお付き合いが始まるかどうかであるように思えて、私は自分がそうした光景を目にしていることに一瞬驚き、淡い感動を覚えました。そして、この緊急事態宣言が解除されてすぐの週末に二人がどのような思いでここに来たのかを想像したのです。

二人はいまベンチの端と端に座っているとはいえ、互いが自宅に居たときに比べたら遥かに近い距離にいる。私はこの二人が、家を出る前に多くの葛藤を経たのではないかと思いました、例えば、自分がもしコロナに感染していたら相手にうつすかもしれない。あるいは相手が感染していたら自分にうつるかもしれない。会ってよいのだろうか、でも会いたい。もし、そのような葛藤をそれぞれ感じたうえでこうして集い、会っているとしたら、たとえ二人のあいだにまだ愛の告白やお付き合いの約束がなかったとしても、すでに二人は相当の愛情と想いをもってこうして共に座っているのではないか、と想像したのです。二人がその距離で「会う」「逢う」ことをしているだけで、すでに相思相愛に近いものがそこにあるのではないかと感じたのです。

きたやまはコロナの時代において、心と心が通い合わなくなった愛を通過していくために、「分かり合いの作業」が必要だと述べています[3]。このときにきたやまが拠りどころにするのが〝共視〟です。二人のあいだには距離があり、困難があり、怖れや嫌悪といった違和感・異物感がある。それを積極的に言葉にし、横並びになって、眺める。そして、時間をかけてそれについてはなしあう（離し-話し合う）。まるで二人で横並びになって月を観るように。これが、きたやまの言う「分かり合い」の実践になっていくのかもしれません。これは、英国ロンドンのアンナフロイトセンターという精神分析のひとつの中心地で〝私たち〟のモード "We Mode" "We-ness" と呼ばれ、積極的に臨床現場で用いられています。

＊　＊　＊

こんにち、特に日本において、誰かと会って話をするということに、明示的にも暗示的にも、新型コロナウイルスをやりとりすることが加わったと言えます。私たちは、自分が感染しているかもしれない、相手が感染しているかもしれないという可能性を捨てきれないまま、相手に会っています。治療関係のなかに毒がある、致死的なものがある、破壊的なものがある、こういったことこそ、精神分析が長い歴史のなかで見つめてきたものだと思います。コロナ禍における精神分析的な臨床の意味が、新たに見いだされるのではないでしょうか。

この本が、次の「波」に襲われたときに私たちの思考が泥沼化しないよう、(4)こころの臨床に携わる皆様の思索の助けになればと願っています。そして、臨床家だけでなく、人と会うことを生業にしている職業人・専門家の方々と共に、コロナ禍において「あうこと」の根源的な意味について深く思考する契機となれば、編者としてはこれ以上ない喜びです。

(1) Mcneill, W.H. 佐々木昭夫訳(2007)『疫病と世界史』中公文庫
(2) Kristeva, T.(2011)『心づくしの日本語――和歌でよむ古代の思想』ちくま新書
(3) きたやまおさむ(2020)「『愛』について――その諸相」《きたやまWebinar公開講座「愛について――こころが言葉になるとき」》木立の文庫、二〇二〇年六月二十二日
(4) 北山修・荻本快(2021)「コロナと日本人の心――神話的思考をこえて」『精神療法』47(2)(印刷中)

目次

はじめに

序章　劇的観点から心を扱うこと——コロナ禍の「どさくさ」に紛れて　北山　修　1

リズム体験と中途半端さ／人生という旅のリズム／日本の治療構造
移行というオンラインの視点／無意識が垣間見せる台本／症例「二重性の出現」
治療者も出演する／さまざまな「あい」が形象化される／結　論

喪失のなかでの心の文脈

揺れる世界で臨床を続けていくこと　揖斐衣海　35

不確かさを前にして／臨床実践の文脈／オンラインで人と「出会う」
オンラインでの面接から／おわりに

コロナ禍とユーモア　石川与志也　61

71 失うことと掛け替えのないこと 山本雅美
コロナ禍における私の立ち位置／私のコロナ禍対応／再考：オンライン面接
見えない経験と「ない」経験／見えないものを捉えるための実体の価値
遠隔療法に関する調査研究／個人的な話／最後に

97 オンライン臨床におけるクロスモーダル体験 関 真粧美

105 オンラインという leap、あるいは distant psychoanalysis の未来 奥寺 崇
はじめに、事後性について／精神医療におけるオンラインの利用
精神分析とオンライン／オンライン面接の実際から／出会いのデジタル化・
オンライン化／プロセスのデジタル化への further thoughts
万能感、同一化、退行に隠された脆弱性／これからに向けて／おわりに

133 コロナ禍における日常生活と心理臨床の経験に関する私的考察
——身体科医の治療態度から学ぶ 岡田暁宜

こころで会うことの回復

147 コロナ禍の面接室でクライエントと出会うこと
——マスク、カーテン、換気、消毒のなかから見えたこと、聞こえたこと　笠井さつき

言葉を見つける試み／コロナ禍での私の臨床実践／窓を開けた面接室の中の小鳥
コロナ禍での精神分析的状況再考／その後、考え続けていること
最後に、そしてこれから

163 コロナ禍におけるグループの無意識——いくつかの視点　西村 馨

グループによる無意識の精神分析的探究／社会集団の力動と社会的無意識
ソーシャル・ドリーミング・メイトリクスの体験から
学生のための体験グループ／非現実的な現実のなかで

181　コロナ禍における「ほど良い治療設定」について考える
——治療構造論の視点から　飯島みどり
コロナ禍での「会うこと」をめぐって／治療構造のなかで「会う」こと
「会わない」という構造で会うこと／本書の前半をふりかえって
オンライン面接：私の体験／おわりに

203　終章　不在の部屋と身体——「映し返し」が起きるところ　荻本快
コロナ禍によって失われたもの／コロナ禍が夢に与えた影響
不在の部屋と身体／部屋と臨床家が実在して対面していること
映し返し／内的設定

227　問答　精神分析的に束ねる——三角関係化に向けて　北山修／荻本快

251　おわりに

［序章］

劇的観点から心を扱うこと——コロナ禍の「どさくさ」に紛れて

北山修

1 リズム体験と中途半端さ

最初に、臨床家に向けられたこの企画にお招きいただいたことを嬉しく思います。ここでは、私は現在オンラインの使用について主に治療構造の変更という観点から考えていますので、何よりもそのことを報告いたします。

◇サイコセラピーのリズム

まず、日本人のサイコセラピーにおいて、頻度は少ないながらも規則正しく実践しようとするこの勤勉さは、「一寸先は闇」という災害大国ゆえの不安に裏打ちされており、それは震災や洪水だけではなく、このコロナ禍においても際立っています。この国ではいつも四季という円環的時間を感じながら、そのリズムが狂いやすいことに敏感なのです。例えば、秋がなくなったとか梅雨がえらく長いとか言って、刻まれているリズムの周期性や普通であることからの逸脱を、私たちは毎日のように口にしています。基本的に、四季が規則正しいことから生まれる「大自然への依存」によって、なにか大きなものにお任せしながら、些細な不規則さを忘れられるなら、その安心感は私たちにとって替えがたいものになるのでしょう。

私はバンドで軽音楽をやっているからわかるのですが、前に立つボーカリストが安心して歌えるのも、後ろのリズム隊を含むバックの調子が合っていることのおかげです。さらにライブコンサートでは、リズムや手拍子の合致が作る一体感は、聴衆にとっても貴重なのです。そして、こういう普段のリズム体験の延長上で、このコロナ禍においても見える日本人らしい態度の特徴とは、「調子を維持しようとする微調整の意識」に加えて際立つ、「対応の中途半端さ」です。そのことも、以下で語らねばなりません。

他方、私のよく知っている欧米の分析家たちは、今やセカンドハウスに移り住んで、リモートでコンサルテーションや精神分析をおこなっておられます。これを見聞きして思い出すのは、今から十五年くらい前に、中国での精神分析の訓練あるいはセラピーそのものとして、精神分析的なものを求める人がたくさんおられたときのことです。アメリカの分析的精神療法家あるいは精神分析家たちがこれをリモートでおこなおうとしたのですが、その実践を、いわゆるオーソドックスな精神分析家たちが激しく非難していました。ところが、二〇二〇年のように命のかかった事態が生じると、欧米の皆さんが突然、掌を返すようにリモートを実践しておられるのを見て、ただただ驚くばかりです。

2 人生という旅のリズム

ここで随想的になっていいのなら、私は前から思っているのですが、このところ日本人はずっと「旅人」だったのではないでしょうか。一九六〇年代から始まった「旅人」意識は、団塊の世代が青年期になり、新幹線が走り始めて強化されたのだと思います。青年期は「旅立ち」のときで、心理的にも旅行ブームがやってきて、「旅の歌」が広く口ずさまれるようになったのです。また、学生運動や「若者の革命」が挫折したからでもあるのですが、そんな大袈裟なきっかけがなくとも私たちは「自分探し」の旅に出ました。

君の道は限りなく遠いけれど、どこか遠い世界に憧れ、荒野を彷徨ったのです。目的地に着いても、希望はちょっと前に出発していたし、駅に残るなごり雪が目に焼きついて、恋人を置いて出発したら振り返っても振り返ってもその背中では風が吹いていました。或る者はギターを持って夜汽車に乗りこみ、世界中で心の旅が始まったのですが、なんと、フーテンの寅さんが旅に出たのも一九六〇年代の終わりでした。

しかし旅好きは、団塊の世代だけではありません。「Ｇｏ Ｔｏトラベル」がなぜ止められないのかは、経済の問題だけではなく、私たち自身が、死ぬまで止められない旅としての人生の旅人だからでしょう。芭蕉は書いています。

月日は百代《はくたい》の過客《かかく》にして、行きかふ年も又旅人也

私たちは、この年月の旅で、桜の開花の遅い早いを毎年心配しています。イライラして駅にゆけば電車が二〇秒遅れたり早く出発したりするだけで駅員さんが謝罪することになります。日本の飛行機に乗りますと、ちょっと到着が遅れるだけでアテンダントの方が頭をさげます。

それで、昨今の旅の停滞のなかで改めて指摘しておきたいのは、私たちの置かれた状況や「やり方」が非常に中途半端になることです。計画したわけでもないのに、経済を回しながら感染予防をおこなうという日本の対応は、基本的な微調整のために、いつもブレーキとアクセルを同時に踏んでいるという矛盾があるのです。そして、そのバランスをとりながら生まれる、メリハリのない中途半端さが、落ち着きのなさや不安定な感じとは言い切れない、特殊な緩さと慣れを慢性的に作り出しています。

◇中途半端さ

だから、きわめて重要な心理は、目の前の日常性と非日常性が入り混じることであり、逃げようとしているのか留まろうとしているのか、ずっと決めかねているという浮遊感であり、根無し草の旅人の意識です。一時期は、リモートをやりながらもリアルなセッショ

ンに戻すこともでき、リアルな出会いを繰り返しながらリモートを開始することもできました。それになによりも、この文書が外に出るときにはいったい状況がどうなっているのかも計り知れないという、「今ここ」の展望の不確実性があるのです。多くの臨床家にとり、基本的な実践と生活はあまり変わらないようであっても、また明日違うニュースが入るかもしれないし、来週はまた少し変更があるかもしれないし、と皆が頭のなかで揺れて「あれやこれや」と考えています。

◇リズムの維持

そして「緊急事態宣言」の状況で「やはり」重要になったのは、旅の歩調をキープして足踏みを続けたことでしょう。とにかく規則正しく生きることに、私たちの安心感の基盤があると感じての、リズムの維持という方法は、まともに会えないときの大事な臨床心理学だろうと思います。

3 日本の治療構造

さて、こういう「面接の規則性」という、精神分析臨床における設定や状況の問題は、欧米ではこれをセッティングと呼び、日本人は治療構造と呼びます。私は言葉の違いに関心を持っていますが、日本人が「構造」という固い言葉を使い、他方の「セッティング」

は動詞が動名詞を経て名詞化しているようで動的な感じがします。後者を「設定」と訳しているのですが、設定は設定*set*し続けることで設定*setting*として恒常化し、構造化するわけです。しかし日本語で最初から構造と呼ぶなら、ゲームのルールのようになかなか動かすことができないことになって、有無を言わさず、動かさないぞっていう真面目な意識に富む言葉だと思います[1]。

さらに、いったん固定されてしまうと、この「構造」の意味は普段、問いにくくなるようです。「構造」というのは、壊れたり大きく揺れたりしない限り、まるで空気や水のように当然視され据え置かれます。治療構造はただひたすら繰り返され、四の五の言わせないので、変更には相当の検討が必要であると言われます。その規則性は当然視され、その硬い器のなかに何が盛り込まれるか、何が侵入し投入されるのか、つまり中身的に何が起きるのかが、凡人の問題となってゆきます。

私は〈劇〉の比喩を使って精神療法を説明することが多いのですが、中身を抱えている劇場の仕組みやマネージメントより舞台の上の出来事だけが話題になりやすいのです。しかし、その懸命な「構造」維持は、今回気づかれているように、当てにならない大地の揺れや環境変動への恐れがあるからなのです。そのなかで面接が安定的に繰り返され遂行されるためには、いつも器を維持し管理するマネージメントや硬いセッティングを維持せねばならないわけです。ただ、そういう「構造」にも隙間があって、換気のために通り抜ける風や入り込んでくる臭いのようなものに関して、貴重な気づきに恵まれることになります。

この硬い構造の観点から見ると、オンラインの使用というのは、治療の「形」の重大な変更になり、構造変更の意味がここで改めて問われることになります。変更するには理由が求められ、その「形」の変更がどのように内容的な影響を与えたのかと問われるわけですが、その大義名分が、先ほども言いました、リズムが維持されセッションが反復されるという、規則性あるいは周期性なのです。この準拠枠があるからこそ、私たちは視点を固定し、中身の変化を取り扱えて、反復される逸脱を傾向として取り出せます。私は、水曜日の三時に会うと固定したなら、三時に遅れることに心理的な意味があると思うわけだし、早くなるならそれも心理的な問題が生じていることを暗示させます。だから規則正しさは、精神分析的観察の方法という大義に合致することでもあろうと思われます。

4 移行というオンラインの視点

他方、私は精神分析の論客のなかで、英国のウィニコット *Winnicott, D.W.* という人の考え方を大変敬愛しております。(2) 言っていることの中身とともに、その言い方や考え方というものが、たいへん関心のあるところなのです。そのなかで、移行対象の「移行」とか、中間領域の「中間」とか、その他「錯覚」とか「遊び」などの考えは、有事に生かすことができ、コロナ禍の臨床を描写する際にたいへん貴重になるキーワードが見つかります。

そこでウィニコット理論からオンライン使用を見ると、最初に気がつくのは、移行対象の「橋渡し」であることです。私は面接で一時期オンラインの使用をおこないましたが、今や〔二〇二〇年十二月〕、全部、普通の面接つまり直接面接に戻って、そしてまた繰り返して、冬を迎えようとしているわけです。移行対象の特徴からウィニコットの表現を使うと、お母さんの代わりであって、お母さんが戻ってきたら移行対象は意味を失うのです。そこに中間的で移行的な使用の感覚があり、移行対象を過渡対象と訳した人もいたぐらいで、移りゆくときの「つなぎ」あるいは「代用」という感覚で使用しています。この感覚は人によって違うかもしれず、恒常化させて、これこそが本来のあり様というくらいにまでオンラインが構造化されている場合もあるかもしれませんが、私はそういう立場ではありません。

その観点から見ると、私の構造意識の非常に重要な側面なのですが、中間は中間ですから、中途半端な設定は自立しないのです。移行的なものはその前と後があって、「つなぎ」ですので、つなぎの部分は自立しないし、いつも両端によって支えられています。これは

◆移行対象
◆中間領域
◆「橋渡し」機能

中間領域とか、中間的と呼んだときの考え方の重要な点だと思うのですが、架かっている橋の場合、その両端があるからこそ橋なのです。これが片一方の端が土手につながっているだけなら、橋の機能を果たさないわけです。橋という言葉の発生論でも、橋は両端を橋渡ししてこそ橋であり、中間領域は両側から自立しない。これが自立すると、そこがもう一つの領域になってしまい、新しい言語が生まれて、新しい理論が誕生するかもしれません。つまり、この中間領域を認める考え方には、その中間的なものは両側によって定義されねばならないという宿命が続くのです。ウィニコットの言い方からすれば、内でもあり外でもあり、外でもなければ内でもない、というような言い方をし、移行対象の中間性は内と外、つまり両端で定義されるわけです。

私たちのオンライン使用は、これからどこに行くかわかりませんが、やっぱり、これまで所属していた国の言葉でしゃべる、また落ち着いたらまた元に戻って、あれはどうだったんだっていう風に過去形で語ることになる。だから、使える言葉は旅先の言葉ではなく、故郷やこれから落ち着いたところでの言葉になると考えています。

でも時間が経てば、そこには固定された意味が生じるでしょう。今は定住者には無意味かもしれないけど、旅に出ようとするなら、「つなぎ」の仲介機能や橋渡し機能が大事になるだろうと言えるわけです。移行を比喩的に言うなら、ビルド*build*を続けていくとビル

ディング *building* になり、そしてこれが確固とした構造になるのです。あるいはセット *set* し続けることではじめてセッティング *setting* になるわけです。今はその途中なのかもしれず、移行とか中間でもあって、この日本人の対応がやがてどうなっていくのかは、これはまだわからないわけです。

ＰＣＲ検査の体制がこれでよかったのか、というような国民的な中途半端さには、良いか悪いかという固定された意味はなく、意味の交替のようなことが起きる。あれかもしれないし、これかもしれない。ニュースショーのコメンテーターで「検査して隔離」を連呼している人がいたのですが、検査しなくてもいいのかもしれないのです。あれもあるしこれもあるという考え方のあることが、中途半端な事態においては大事だと思う。逆説の面白さは、矛盾の苦しみと言ってもよく、悲喜交々で、面白さもあり、苦しみでもあり悲しみでもある。会いたいのに会えない、規則があるんだけど不規則なところがあふれていて、非日常的なのだけど日常のなかで非日常が起こっている。会えているんだけど会えていないのは、非常に逆説的、あるいは矛盾し、両面的に、あの言葉とこの言葉の両方でこの事態を表現するしかなく、このように、事態の両義性や両面性が際立つと言うわけです。

◇両義性・両面性

5　無意識が垣間見せる台本

もちろん、「あれとこれと」の矛盾や「あれとかこれとか」の逆説があふれると、「あれかこれか」の二分法で問い質されます。今、起こっているセッティングの変更、あるいは治療構造の変更なども、こういう意味があるのか、ああいう意味があるのか、内なのか外なのかっていう、あれかこれかの二分法の問いにさらされます。人間は、曖昧な事態に向き合うと、どうしてもあるかないか、あれかこれかを問いかけてしまう。その代表的な問いかけ方の一つでは、あなたのそのオンラインという治療構造の変更は、本当は治療者の神経症的な行動化なのか、躊躇するのは恐れすぎが問題なのかと問われます。

他方で、これは実は新しいクリエイティブな試みであって、ある種の発見があるのじゃないかという意見もあります。私はそういうときに〈劇化〉という言葉を使うのですが[3]、ここで、フロイト *Freud,S.* も自宅に持っていたという、フランスのシャルコー教授の臨床講義の絵を思い出してください【図1】。患者の示した「症状」が劇であるのかあるいは行動化なのか、と問いかけても答えはわからない、おそらくは両方だと言わざるを得ません。患者さん自身が演技的と言われていた人たちであり、臨床講義の設定が観客のいる劇場のような状況になっているというのは、絵を見ても明らかです。

◆劇化

実際に十九世紀末には、フロイトたちの患者が自分の白昼夢様体験を「私的な劇場」と呼びました。ヒステリー患者はもとより演劇的だと言われ、「行動化 *acting out*」という概念は彼女たちの問題を説明するために生まれました。しかし、原語の独語 'agieren' には「演じる」の意味があるのですが、残念ながら日本語では訳出されなかったのです。治療者に向けられた演技のメッセージ性や治療的意義を強調するために「アクティング・イン」という言葉まで登場しています。さらに「プレイ」という英語にも演劇の意味があるので、遊戯療法 *play therapy* の演劇的要素が当然視され、児童の精神分析の論客たちは、対象関係論的観点から精神分析学の「転移」概念を再検討することになりました。そこでは治療関係は対象関係の〈劇化〉の場となり、この劇に参加しながら筋書きを読み取る治療者は、相手役としてその筋書きに巻き込まれやすいのです。

図1

　こういう「劇としての人生」という劇的観点に基づいた治療論は、反復する悲劇の語り直しを目論むわけです。台本の書き換えは難しいのですが、「人生物語を紡ぎ出しながらその人生を生きる」という劇的観点からの治療論が成立し、劇的観点は私小説の流行を支えた我が国の人生演劇説にも通じるわけです[4]。

本当か迷妄かの問いかけは、精神分析の歴史のなかでは古典的なものですが、この劇だという感想をそのまま患者に断定的に言うことは絶対に失礼です。これはあくまでも私たちの側の観点なのです。

◇「心の台本」を読む

それでは、「心の台本」を読むということで、その劇に立ち合いながら患者の人生の台本を読んでみましょう。

①**まずは舞台の設定**：劇には舞台が必要であり、その構造は維持されねばならない。これは「治療構造論」として小此木啓吾が論じたものです。

②**反復の発見**：「今・ここ」のセラピィ関係、過去の親子関係、発症のときに、そして最近の職場、学校、家族などで繰り返される筋書きを発見します。

③**比喩の発見**：過去の体験などから、特定の体験を文字どおりに表す言葉を比喩として使用して反復される筋を描き出すのです。

④**モデル作り**：できた筋書きで人生をながめ、書き直し、よりふさわしいモデルとし、ときにこのモデルを言葉で患者に伝えて、より良い「人生物語」を紡ぎ直します。

劇に立ち合う分析的な精神科医やセラピストは、持ち込まれた劇に参加しながらも、同時に台本を読みます。劇の比喩には役割と素顔、舞台と楽屋という二重性が伴い、私たちの診療室・治療室は患者のために用意された楽屋、あるいは劇中劇を見る場です。治療者において、劇や比喩を真に受けるか真に受けないかの二分法や、表裏の意識が際立つことがありますが、この劇中劇の二重の意識が「参加しながらも劇から降りて考える」ことを可能にするのです。もとより人生は劇ではないし、演じるものではなく、生きるためのものであり、劇的観点も、降りるためにあるのです。

◇垣間見せる

そして〈劇化〉という現象では、無意識が形を与えられて、その意味や意図を前言語的にセッティングの変更で垣間見せることがあるのです。日本語にはないのですが、「垣間見える」という言い方はありますので、「垣間見せる」という表現を使ってみました。形象化で、つまり「形」になることで、それに果たしてどういう意味や意義があるのか、これは行動化なのか、クリエイティブなものか、あるいは実験なのか遊びなのかが、ここで問われても、いつもより考えやすくなるわけです。

6　症例「二重性の出現」

以上のような劇的観点の準備体操をおこなったうえで、症例を報告します。

三十五歳男性の研究者で、意味のある関係が持てないという主訴で、独身で、友人がいない、ゲームが趣味。治療者の見立てではスキゾイドな人という風に考えていました。心のなかではいろんなことを空想しておられますが、外界との接触が非常に少ない方です。

報告するのは五年目のこと。分析的治療（週一回）は、ただ受身的に受けておられるという感じでした。四年目になって治療が無駄であることが訴えられるようになりました。辞めたいと思うのは『先生はまったくダメ出しばかりしていて、いじめられているように感じるからだ』と、この方はおっしゃいました。これはコロナ騒ぎの前からですが、一年くらい、治療者の言葉は何も意味がないし、言葉が心に響かないと言うのです。治療者は冷たい自動販売機みたいだと言われ、『わたしとは合わないんじゃないか、辞めたい』と、怒りや悲しみとともに語られるようになりました。同時に、精神分析関係の本を読んでいて、治療者を相手に濃厚な「（陽性）転移」を体験してみたいが、『先生、これ転移ですか？』と言うようにもなりました。

話の中身は、いじめられているという被害的な訴えで、そういう在り方に治療者も彼も非常に困っていました。そのときコロナ問題が生じました。まず訴えられたのは、高齢の治療者に感染させたくないという風に感じたと言うのです。被害的に考える方が加害者意識を持たれたというのは、治療者にとっては大きな発見でした。治療者はすでに慣れていることもあって、希望するならオンラインを使ってもいいと表明していました。それで緊急事態宣言のときには、彼の希望でZoomを電話のようなかたちで、自由連想的なセッションで使うようになりました。でも彼は一、二回やって会話がやはり手応えがないという感想で、直接の面接に戻りました。普通の面接に戻っても、意味のない面接は続くことになりましたが、ある日ふたたび感染者数が増えたところで、『少し風邪気味なので、電話でお願いしたい』とおっしゃいました。それは、ふたたびZoomを電話のように使うという意味でした。つまりこれは、自由連想法をやっていたので、お互いに画面の顔は見ないで使うというのが私の使い方なのです。

それで、この二回目のシリーズでは、『面と向かって言えないのは女々しいけど』と、やや反省的に言われて、『むしろ電話のほうが、言いたいことが言えそうなので』というのが、二回目の使用の理由でした。彼が今までになく自分のことを見て考えている、つまりやっていることについて考えているというのが印象的で、この希望に応じることにしました。

図らずも彼はこの形式で、治療者を締め出しているという事実に出会うことになりました。侵入されてると言っていた人が、自分で希望して治療者に会わないようにしているという事態に、彼が自分で直面したのです。そして、それまでの言葉が無意味で、治療者が彼をいじめているという被害的な訴えが繰り返されたうえだからこそ、今度は逆に、新たなセッティングで治療者を追い出していることが形になったのです。これが私の言っているような、セッティングの変更で心が形になり、無意識的な心を彼が生きて、形を成すことを通して、その意味を語り始めたのです。そして、そのことを言葉で考えるようになりました。

私はこのリモートの体験は、また元に戻る可能性があるわけですが、変更の途中でたいへん大きな意味を垣間見せた、と考えています。

◇二重性

以上で強調したいのは、矛盾する二重性の出現です。被害者だけれど加害者である。治療者のほうが彼の家に電話して侵入しているわけですが、同時に彼が治療者を締め出している。ずっと受身的に生きてこられた方が、積極的にこの新たなセッティングに参加し始めています。

私たちは、コロナから逃げながら、同時に発見や創造もしている。些細で大したことじゃない、無意味だって流されそうですけど、なにか、それには意義がある。距離は遠くて彼は家にいるわけですけど、そのほうがはっきりものが言えるし、耳もとで受話器から聞こえてくる声はまるでヴィヴィッドで、まるで肉声みたいだっていう表現もありました。

多くが不規則になるなかで、セッションのリズムはキープしているという、この安心感も、彼は経験しているようでした。

7　治療者も出演する

◇どさくさに紛れて

以上の事例提示では、結果は意外でしたが、振り返るならその意外さは想定内の範囲だったように思います。しかし本論のタイトルで私は、これ以上の混乱のプロセスを予測して「コロナ禍のどさくさに紛れて」という表現を使っています。

治療者の無意識を考慮せねばならない私には、目の前の未来の断定できない不確かさが何よりも重要です。というのは、秩序が大きく混乱するなら、状況の中途半端さを使って、それまでなかなか現れなかった治療者の無意識がさらに「形」になることを、すでに私たちは経験しています。中立的に言うなら、移行や遊び、試行錯誤のなかで、普段は形にならない事柄が形象化、あるいは「心の台本」が劇化するので、その意味を考えることができ、言葉で語ることができるようになるのです。

それでは、治療者が巻き込まれて出演するという可能性を考慮し、さらに劇的に展開する精神分析的治療の起承転結の定番を書いておきましょう。これを患者において実現するきっかけの多くは、巻き込まれた治療者がその現象に気づくことにあり、気づきの深化に向けて、治療者の訓練分析や自己分析、そしてスーパーヴィジョンが役立つのです。そこが、出演する治療者が共感、逆転移、行動化の吟味を通し、劇から降りて患者の台本を読むのための、楽屋や稽古場となるのでしょう。

◇精神分析的治療の起承転結

【起】：問題を抱えた患者がやってきて、それに治療者が共感的に耳を傾けると①、患者は訴えを語ります②。そのとき患者は自らの正気部分を分裂させて③、それを治療者に期待（投影）します④。

【承】：共感する治療者は同時に、みずからの狂気を抑圧して⑤それを患者に投影して重ねているのです⑥。その投影に応じて患者も、相手の身になって同一化し⑦、治療者は患者の投影を引き受けてそれに同一化しながら考え始めます⑧。すると、患者の正気部分が活性化され劇化し出演するのですが⑨、対して、治療者の狂気も行動化・劇化することがあります⑩。こうして互いに互いの相手になることになり、また治療者の台本も発動し、患者の行動化、そしてエンナクトメント（出演）が起きやすいのです（そしてセラピストの発症もありうるのです）。

【転】：治療者の側の出演、みずからの問題（狂気）の行動化・劇化に関し、気づきや洞察が生まれる⑪。

【結】：すると患者に、みずからの正気についての気づきが生まれます⑫。治療者の気づきを、患者の治癒に向けて生かして、次の展開へとつなぐわけです。

この展開では、治療者が患者の「相手の身になって」いると、やがて患者に同一化して同じように「狂って」しまうか、まったく反動的に真逆の「狂い」を生じてしまうということが起きます。それを治療者が演じてしまうのを、治療者のアクティング・イン、エンナクトメント、出演と呼び、この意味を自覚し自問自答をおこなうことで、患者の思いを汲めるようになるという最近の精神分析の深化があります。行動化の激しい重症の患者の場合、治療者が巻き込まれることで、つまり正に相手役を演じ、それに気づくことで相手についての理解が深まる可能性です。

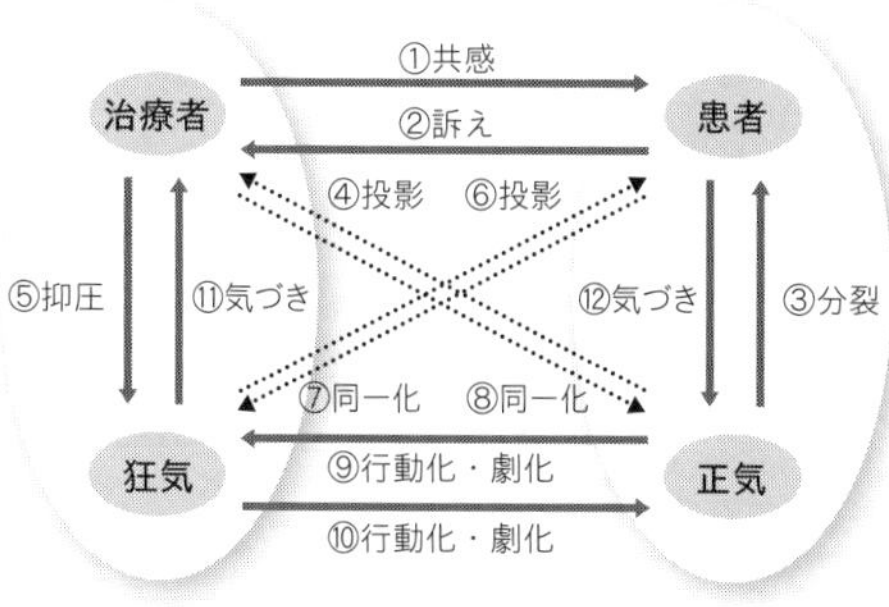

図2

掲げた【図2】は、その代表的な流れをモデル化して描いたものであります[5]。治療者が自分の狂気を抑えて正気を演じているなら、患者の狂気部分にも投影と同一化をおこなってしまいます。治療者の行動化（劇化）してしまうこと⑩について患者がむしろ正気で対応してくれること⑨で、それに治療者が気づくなら⑪、患者が自分の正気を回復するということもあるのです⑫。

◇「見るなの禁止」

原則としては、洞察は治療者が獲得しなければ相手に求められるものではないと言えましょう。一般に得られる洞察については、「見るなの禁止」論でわかりやすくなるかもしれません。それは、素材を日本の昔話を素材にした精神分析的検討であり、人には表と裏があるものと捉えて、献身的な女性の背後に傷ついた鶴がいたという「鶴の恩返し」というお話を活用しています。鶴女房の彼女は、世話をした男性への「恩返し」のために自分を傷つけるほどにまで献身的になったというのですが、一般的に治療者はお世話係ですから、時にこの鶴女房の〈つう〉のようになります。その自虐性や恥についての自覚を〈つう〉に求めるなら、⑨で覗き込む〈与ひょう〉にも加害者としての自覚が必要でしょう。が、「見るな」という抑圧⑤を破られると、⑩で傷つきと動物性を露呈した彼女は恥とともに去っていきたくなるわけですが、〈つう〉が恥意識を克服して去っていかないならば、傷つけていた〈与ひょう〉に罪意識をもたらす可能性があるのです。

◇恥意識と罪意識

ということは、やはり分析的治療者における⑪の気づきが、結末を左右するターニングポイントでしょう。「見るなの禁止」の、より古い形式と思われるイザナギ・イザナミ神話では、覗かれたイザナミは、辱められたと感じて怒りを男に向けて表現します。自虐性とは怒りの内向、つまり相手への怒りをみずからに向け替えたものだと理解できることが多いのですが、受身的に対処し去っていこうとする〈つう〉は実は、外向きに心底怒っていたのかもしれないのです。つまり、分析的な治療者こそが⑪で内向きの怒りを外向きに体験し、自虐性を克服し、去っていかずに会い続ける〈つう〉となるなら、愛する〈与ひょう〉を変えるかもしれないのです。そこで「愛」が重要となるというのも、もともと〈つう〉は愛しているからこそ怒りを自分に向け替えて自虐的になっていたのですから。

8　さまざまな「あい」が形象化される

人生が「神の前で演じられる喜劇」であり、世界は舞台で「男も女も世をあげて芝居を演ず」という考え方がたんなる比喩以上のものだということが、ダンテやシェイクスピアらの作品を通して知られています。また、我が国の「浮き世」という言葉が示すように、人生とはどこかで非本質的でありながら、それなりに誠実に生きねばならないものなのです。(6)

劇場や舞台を得て心が「形」になることを通し、患者の「心の台本」が治療者を相手にして劇化されるという現象は、私個人はウィニコットの治療報告[7]における妻クレアの解説に倣って「転移の劇化 *dramatization of tranceference*」と呼んでいました。また、サンドラー *Sandler, J.* が 'actualization' と呼び[8]、グリーン *Green, A.* の紹介でアブラム *Abram, J.* が '(projective) actualization' と呼んでいる[9]ものに通じると思います。さらに、日本語の「かたち」は「かた」と違って、イノチ、オロチと同様に生き生きしてくるのです。特に、考えたり思ったりすることのしにくい、「愛の問題」が治療関係のなかで劇化される際、これを読み取ろうとする側にとって、この動的な形象化という現象は貴重です。

◇「あい」

これからの展開が見えないので、ここで最後に、さらなる問題化が予測される「愛」の問題と、その［a・i］という発音の意義を考えておかねばなりません。発音するならアクセントが第一音にあって、これを発音する者は、頭がうなずくように下降して、上から下への運動を体験します。私の考えでは、「あい」は音の面でも、上から下へという動きを示して、つまり大きい者から小さき者へという上下運動のあることを伝えてくれます。日本語のアイウエオの一番目と二番目の音が［a・i］なのですが、日本語の縦書きで読むと、「あい」は上から下へ読まれることになります。言葉の意味の上での上下関係と音声面でのこうした上下運動にこそ、日本語の「愛」では平等の愛やキリスト教的な博愛などが意味されにくい理由があると思います。こうして「一寸先は闇」の状況で、どうしても「あい」の日本語の意味論を私の『意味としての心[10]』から引用しながら確認しておきたいと考えるのです。

多い同音異義語

日本語の辞書を見ればすぐにわかることですが、日本語の「あい」や古語「あひ」には、繊細な意味を分けて伝える同音語が多いのです。思いつくまま挙げてみても、「会い」「合い」「逢い」、そして「相」や「間」、また言葉としては本来「合う」とは関係のないという「愛」と、二人のあいだの親密な関係を表すものが次々と提出できます。

「あい」や「あふ」はその語源説のひとつに上下の唇が相寄るときの音から出たという連想があるように、二つが互いに寄り合ってぴったり一致する、調和する、ひとつになる、という意味で、ものともの、人と人との間の基本的意識を示します。特に「合う」の場合は、「出会い」がさらに進んで、受け入れる、矛盾しない、ぴったり当てはまるという適合・合致・調和が強調されるのです。また、「嫁う」も「あう」と読み、男女の出会いを言い、結婚する、交合するという意味もあって、男女や夫婦が合わないというのは、「性格の不一致」だけでなく、肉体的で性器的な不一致も含まれるはずですが、これは英語の'intercourse'が交際と性交の両義があるのと同様でしょう。『日本語源大辞典』〔小学館〕では「あわい（間・合）」とは「物と物との交わったところ。重なったところ。また、境目のところ。中間。間」としており、この略が「あい」というわけですから、意味は、隙間があったり、ぴったり合ったりの間を揺れているのです。

◇「あふ」

そして、医者に会う、先生に会うとは言うが、通行人に会うとは言わないように、対人関係について使われる場合は、その会うことに意味があるときで、無意味に会うことは「会う」ではなくて、むしろ会っていないことになります。よって通常は、会うこと、合わせることじたいに大きな意味や高い価値があり、会わないこと、合わせないことには、まったく価値がない、意味がないということになるのでしょう。このような意識を伴う「あふ」は、面接と対話を価値ある形式とする日本語臨床の基本語となり、たとえ緊急事態で「ゆきあたりばったり」になっても何とか合わせながら、何よりも出会いと触れ合い、そして「あい」を持続させることをもっとも有意義で価値の高い関係性とする臨床風土を生むに違いないのです。

「愛」の歴史

一方、「あひ」は「愛」の発音に似ているのですが、日本語では古く「愛する」と言うことはなかったのです。これは現代語で言うなら、恋う・思う・好き・会うなどの語で表されていて、「愛」の文字はあっても、上から下、男から女、親から子への自己本位な愛であり、対等の愛や自己否定的な愛を示すことはありませんでした。(11)

「愛」はもともと中国から輸入された漢語であって、『源氏物語』にも一例も登場せず、和歌などにも用いられなかったように見えますが、実際には広く使われていたという推測もあります。ただし、仏教思想の影響を受けたことも関係して「愛」は性愛や本能的な愛情を指し、執着や貪欲として使用されたこともあって、キリシタンの宣教師は神聖な愛や神の愛を意味させるためにこの生々しい「愛」を避けて「御大切」を用いたのです。

それが我が国で日常語として爆発的に普及したのは、近代中国語の「愛」と関わりをもちながら、西欧から輸入された「愛の言葉」の翻訳や、キリスト教の博愛に相当する言葉の受け皿として「愛」が活用されるようになったからです。それとともに、愛の具体的な表れである「逢う」と発音が似ていることや、アイウエオの冒頭に来る［a・i］が口を開いて上下の唇をひきしめて寄せるときの音であること、またその母音の二重の連なりを通して分かち難い親密さや緊密さを示すことなどが理由でしょう。

理念から生理まで歴史的に幅広く入り混じる混成の素性のために、会・合・相・逢の「あふ」、英語的なラブ、キリスト教的な博愛、そして人間の性欲など、さまざまな要素が混同されて〝愛〟は使用されるのです。ゆえに、「愛する」という積極的な働きかけが自覚されないところでは、輸入された意味での「愛」という言葉の具体的な使用では虚偽、裏切り、誤解が伴いやすく、正確な心理を表現しようとする臨床ではあまり使用されず、逆に特別な文脈で貴重な言葉として扱われ、注意を喚起しながら使用されるようです。

「合わない」と「遭う」

このように注目され特別視される臨床における〝愛〟に比べ、特に現代のマスコミや流行歌では「愛」は気軽に使用されるのですが、その意味の上滑り現象は、言葉を裏づける実体の不在のせいで歯止めがきかなくなっています。さらに社会的には、見合い、出合い、付き合い、知り合って、連れ合いになるとか、慰め合い、喜び合い、励まし合い、話し合うという具合に「合う」もまた大切な言葉として頻繁に口にされます。

ただ、これが闘争・戦争を意味してきたことも忘れてはならないと思います。「仕合」は勝負や決闘を意味して、「渡り合う」のは喧嘩であり、「言い合う」は論争です。また、争うは「荒らし合う」、「戦う」は「たたき合う」から出たと言われます。ゆえに、「愛」といっても輸入されただけの意味の使用では、また「会う」や「合う」の合一と調和を強調する意味論では、逆の争うことも「合い」とする事態全体の一面しか意識していないわけであります。

実は好ましくない意味を捉えるためには「遭う」と書くのであり、繰り返し繰り返し愛の言葉を口にしてもなお「あい」の全体は表現しにくいものです、「合わない」を知るために「遭う」点にこそ大きな意義のあることは言うまでもありませんが、それが偶然、良いことになるなら、「遇う」なんだそうです。

合わない患者とあう

これだけ多くの治療で、そしてこれだけ多くの治療者が、会うこと、合うことを、治療の基本的な方法としているところを見るなら、これが人間の在り方の基本のひとつになることが納得できます。しかしながら、どのような「良い先生」にとっても合わない患者やクライエントがいるし、どのような「良い患者」にも合わない医者がいて、二人は相性が悪い、良いとも言います。精神科臨床では患者と話が合わないことが多いとしても、そのなかには調和しない、合致しないというマイナスの意味で合う場合と、合わないという意味でも合うことがない場合とがあるのです。前者の場合、合わなくとも争い合うというかたちでなら合うことがあるかもしれないし、継続する治療関係ではその意味のあることが最初から貴重になるでしょう。

「喧嘩友達」と言うように、すべてに平和な人間関係に争いのないことや会いたいという願望を前提にすることは危険であり、臨床でも合わせたくない患者や、会いたくない患者もいます。そして、外界との生きる接点を失う患者とでは、とりつく島がなく、接点を模索して無限の時間が費やされ、合うための島を作るために無数の創意工夫が求められることがあります。それは、赤ん坊と母親とが合わず、その唇と乳首が合わないなら、人生の開始における最大の不幸せに数えられることと並行するでしょう。

9　結　論

これで、コロナ禍の「どさくさに紛れて」、「あい」の意味がいろいろなかたちで、形象化・行動化・劇化され創出されることがわかっていただけるでしょう。そして、これから起こる想定外の事態の扱いに向けて、劇的観点と愛の意味論が重要だということも伝わったと思います。

それを踏まえて私の結論を言いますと、今こそ事態を「コロナ禍のどさくさに紛れて」の観点から見るべきだと考えます。特に治療構造の中途半端な変更では、矛盾や二重性、逆説が際立ちますが、分析的観察者はその両面性に引き裂かれかけるところに立つのです。それを「評価の分かれるところに」立つと言い、良いか悪いかわからないけど、そこに中

◇評価の分かれるところに

途半端に立ち続けて、そこで見えてくる「あい」のかたちに注目し、その意義を分析的に語り続けていける[12]、そういうところに、今回のコロナ禍という事態の意義があると思います。

※本論は二〇二〇年八月十日に開催された現代精神分析研究会主催のオンラインシンポジウム「コロナと精神分析的臨床――距離、オンライン、会うこと」における北山修の発表「オンラインで心を扱うこと」をもとに加筆修正された。

(1) 北山修 (1990)「構造と設定」岩崎徹也ほか編『治療構造論』岩崎学術出版社
(2) Winnicott, D.W. (1975) *Through Paediatrics to Psychoanalysis.* Karnac.　北山修監訳 (1990)『児童分析から精神分析へ――ウィニコット臨床論文集』岩崎学術出版社
(3) 北山修 (2007)『劇的な精神分析入門』みすず書房
(4) 山崎正和 (1971)『劇的なる日本人』新潮社
(5) 北山修 (2007) p.287
(6) 山崎正和 (1971).
(7) Winnicott, D.W. (1977) The Piggle.　妙木浩之監訳 (2015)『ピグル――ある少女の精神分析的治療の記録』金剛出版
(8) Sandler, J. (1976) Countertransference and role-responsiveness. *International Review of Psycho-Analysis*, 3: 43-47.
(9) Abram, J. (Ed.) (2016) *André Green at the Squiggle Foundation.* Karnac.
(10) 北山修 (2014)『意味としての心――「私」の精神分析用語辞典』みすず書房
(11) 西郷信綱 (1976)『梁塵秘抄』筑摩書房
(12) 北山修 (2013)『評価の分かれるところに――「私」の精神分析的精神療法』誠信書房

喪失のなかでのこころみ

揺れる世界で臨床を続けていくこと

揖斐衣海

1　不確かさを前にして

今も猛威をふるい続けるウイルスが二月十一日にCOVID-19と命名されてから、ちょうど半年が経った時点でシンポジウムが開催されました。米国の感染対策の専門家がニュース番組で「個人の裁量に任される部分は少なければ少ないほうがいい。個人が判断できる事態ではない」と明言していたのが印象的でしたが、日本ではむしろ、個人に多くの判断をゆだねる「自己責任」が日常の生活を覆っていたように思います。当たり前の日常が変わり果ててしまったのに、「ニューノーマル」や「ウィズコロナ」と言いながら過ごす毎日は、その痛みを最小限にしているかのようで、自分自身もそう振る舞ってきたのだろうと思います。

この不確かさと隣り合わせの日常こそが、私たちがこのパンデミックで体験している現実ではないでしょうか。人生で確かなものなどない現実を前に、脆弱さが露わになった自分を強烈に体験しているとも言えるかもしれません。臨床家は、人に会い、まだ言葉にならない何かを感じながら、言葉になっていく道のりを共に歩みます。その臨床家自身も相談者とまったく変わらずこの事態にいながら、私たちは対面であれ、オンラインであれ、会い続けています。米国精神分析学会COVID-19対策チームのトッド・エシッグ *Essig, Todd* が語るように「私たちはこの渦中に患者と共にいるのです。そこには、傷つきやすさ、恐れ、リスクに差異はありません。私たちのこの苦しみの現実は共有されている」(1)のだとすれば、まずこの不確かさを言葉にしていく意味があるように思います。

2　臨床実践の文脈——当たり前の日常生活を失ったと実感するまで

社会の変化

私にとってのコロナ禍の影響は、子どもの学校生活を通して、目に見えるかたちになっていきました。二〇二〇年二月二十七日に首相が「全国すべての小中高校に臨時休校要請の考え」を発表すると、三月二日までの臨時休校が決まりました。ほぼ同じころ、近隣の病院で感染者が確認され、ニュースではあまり騒がれませんでしたが、ひっそりと、幼稚園・小学校から注意勧告のプリントが配布されました。それはあたかも、北朝鮮のミサイルから避難する方法のJアラートについて記載されたプリントが配られたときのように、何事でもないかのように重大事を伝え、受け入れることを当然とするような雰囲気を醸し出しつつ、あきらかに異物として日常に入り込んできました。人は、おかしさを感じながらも、さまざまに自分を守って日常を切り抜けていくものです。臨床家となり、こうした違和感を大事にすることに意味があるとわかってからもなお、立ち止まるには勇気がいります。

そのうちすぐに臨時休校は終業式前まで延長され、三月まるまる子どもが家にいる異例の事態に陥りました。学校行事はすべて中止になり、よく事態を呑み込めないままに、少しずつ出来ないことが増えていき、人とのかかわりがあっという間に制限されました。こうして、違和感は警戒に変わり、いよいよ、私たちを取り巻く日常生活が変わってしまったことを認めざるを得なくなりました。

そして三月二十九日、志村けんさんが感染に伴う肺炎により死去されました。〈8時だヨ！全員集合〉の底抜けの明るさは痛快であったがゆえに、まさかの亡くなり方に鳥肌が立ったのを覚えています。コロナウイルスに対する人間の脆弱さを象徴するかのようでした。その後も都内の大病院でのクラスター感染が相次ぎ、事態が混沌としていくのを肌で感じました。

不安の所在

その間にも‘Stay home’などのさまざまな対策が打ち出されていきました。それらの多くが横文字であったことが、何か本質をくるんでいるかのようにも、国外から持ち込まれたことを意識させ続けているようにも感じました。多くの企業では在宅ワークが始まり、学校も、会社も、家に持ち込まれていきました。社会的な活動が家で目に見えるようになり、図と地の反転、そんなことが起きつつありました。

この時期に東日本大震災後のことが思い出されました。[†1]当時、放射能の脅威、地域ごとにあった被害の差と、夫婦や家族内での体験や感じ方の温度差、価値観の違い、「絆」と叫ばれながらその背後にあった日ごろは見えない差異、さらには分断を体験していました。そのなかでは、耐え難い孤独を感じた瞬間が何度もありました。この脆弱な感覚は、それまでに自分が抑圧していた感覚でもあれば、災害を前にして感じた一人の人間としての感覚でもありました。

私の世代は、子育てのスタートがこのような揺らぎのなかであった人も多く、コロナ禍での休校という異常事態で、子どもを家で丸抱えすることになったことを、皆どう体験しているのか気になりました。私のなかでは明確に、社会がまた機能しなくなっているサインとして映り、安心感は激減しました。どのようにして社会がまた安全を取り戻していこうとしているのか、その説明が本当に欲しくて、学校や、教育委員会、国の説明の不十分さに苛立っていた時期でもあります。同時に、子どもを育むうえで、日ごろはこうした社会が大切な役割を果たしていること、その目が子どもに注がれなくなってしまうことで感じるインパクトを、一時的な機能停止になってみて実感しました。

不確かさの毎日が続くなかで、このウイルス事態の制圧方法もまだわからず、十分な説明などあるわけがないと気づいたのは、ここに書いたような自分自身の不安を認められるようになってからでした。

喪失したものは何か

四月に入ってすぐに、この事態を臨床家としてどう考えるのか、私はようやく動き始めることができました。COVID-19の資料、臨床についてのガイドラインを探し始め、日本心理学会によるAPAのCOVID-19やテレヘルスのガイドラインの翻訳や、米国精神分析学会(APsaA)による'Remote Session Guidelines for Periods of Restricted Travel'、NPO法人子どもの心理療法支援会の「子どもと家族の心理臨床ガイドライン」にたどりつきました。こうして、先に動いて何らかの方針を打ち出している人たちがいることに、安心感を覚えました。私は情報を得ることから、自分自身の「安全」を取り戻していこうとしていました。ひとたび情報が整理されてくると、自分の立ち位置も見えてきて、今できることも少しずつわかるようになり、自分の主体性が多少なりとも回復できたのを感じました。

四月七日に七都府県に緊急事態宣言が発令され、私の臨床実践もオンラインによる面接へと移行することになりました。四月十六日、いよいよ全国に緊急事態宣言が発令されると、子どもと学校の先生の関係性が途切れた状態と、自分と何人かの相談者との関係性が途絶えてしまっている状態にも、心が痛みました。

このころ、既にオンラインに移行して数ヵ月が経過したニューヨークの先生がグループスーパーヴィジョンで、オンラインへの移行に関して話し合う機会を作ってくださいました。この時間に、事態が急速に変化し、それに伴って臨床環境が変わってしまったこと、私たちも相談者とともにこの危機のなかにいること、皆が必死にこの事態に適応しようとしてきたことなどを、話し合うことができました。戸惑いや恐れ、喪失や無力感に触れていくための安全な空間が、スクリーンを通して創り出され、言葉となり、このときに初めて私は、疲れが身体に戻ってきたかのように感じました。私が感じていた「違和感」は、当たり前の日常生活が変わっていくことへの「違和感」であり、少しずつ気づきながらも、「見て見ぬふり」をしながら、失っていった日常の「安心感」でもあったことを実感しました。

◇「見て見ぬふり」

3　オンラインで人と「出会う」

それぞれのオンラインとの出会い

さて、オンラインでの面接についての臨床家の反応は、本当にさまざまです。今回のパンデミックで否応なくオンラインの手段をとらざるを得なくなったのであれば、その出会いを肯定的に捉えられるでしょうか。米国の状況を見ていると、オンライン以外での選択肢のなさに、なんとかしてこれを機能させなくてはならない、と決意さえ感じます。そこに感じるのは、オンラインの是非よりも何よりも、今はこれしかない、そのような切実さです。

同じ切実さとは言えませんが、切実な想いそのものには共鳴します。以前、子どもが生まれ、母親になり、私の身体も、時間も、もはや自分だけのものではなくなったとき、物理的にそこにいなくてはならない当たり前の事態が、とても重く、子育ての充実感と同じぐらいに圧となって、逃げ場のなさを感じました。子どもが寝た後にならら勉強できると思えるようになったころ、ちょうど、知人が参加していた米国のある研究所の精神分析的心理療法の入門講座に出会い、週に一度、深夜のオンラインクラスに参加しました。物理的な制約があり、外出することがままならない時期に、都内のセミナーよりも、オンラインでつながった韓国やニューヨークを身近に感じました。人とかかわりながら共に学ぶことができる楽しさを、オンラインは再び取り戻してくれたのでした。

　このようにつながりを回復させ、新たな機会を創出してくれたオンラインの体験がある私にとっての今回のオンラインへの移行と、対面による面接や訓練を続けることが可能だった臨床家のオンラインへの移行の体験が、同じであるはずがありません。ただただ、体験が違うのです。こう書くと、私がオンライン推進派であるかのようにも聞こえるかもしれませんが、そうではありません。その人の置かれている文脈があり、喪失したものの意味も違えば、オンラインのような新たな技術がもたらす意味も変わってくると言いたいのです。

　ただ一方では、オンラインでつながっていても、クリックひとつでその関係性は終わりを迎え、近くに感じながらも遠いような独特な感覚、映画を見た後に一人取り残されたような感覚にも似た、孤独を感じる体験をしてきたのも事実です。確実に存在しつつも、どこか宙に浮いたような、そんな感覚をどう自分のなかで位置づけるのか。今もってまだおさまりきることがない独特の感覚です。

オンラインへの移行をパンデミックの文脈で捉える

コロナ禍でのオンラインへの移行を余儀なくされた米国では、三月の時点で既にさまざまなガイドラインが打ち出されていました。冒頭に紹介したエシッグは所属学会でのウェブセミナーで、今現在私たちが置かれている状況でのオンラインへの移行は、それぞれが積極的に選択した結果ではなく、このパンデミックによって強制的に強いられた事態であること、そしてそれは危機的な事態において患者や、自分自身、家族、コミュニティに対する思いやりの行為でもあり、この遠隔心理学をいかにして機能させていくかが大切である、と述べていました。[2]

同時に、少し対面の面接ができそうな機運が高まると、彼は対面の面接を再開していくことに対する警戒を一般誌に投稿しました。それによれば、そもそもサイコセラピーは、プライベートな空間に人生の困難を持ってやってきたクライエントを、セラピストは彼／彼女の安全を守りながら、治癒に向かって共に作業をするというのが前提であるのに対して、ウイルス対策そのものがサイコセラピーにとっては欠かせない心理的な安全の根本を損なう、というのがその指摘でした。[3][†2]

◇心理的な安全

また彼は、このコロナ禍の臨床におけるパラドックスを説明しています。すなわち、このパンデミックで、皆が対面で会うこと、社会的生活、安全感、将来の計画など失ったものに対する悲しみや、何をどう気をつけていけばいいのか、今をどう切り抜けていくべきかについての不確かさ、次に何が起こるかわからない恐れを共通の体験として共有できる一方で、それぞれがまったく異なる体験をしている、というものです。個人的な傷つきやすさも人によって違い、何がトリガーになるかも異なっているため、臨床家はいつ体験が共有され、いつその人独自の体験として語られているのか、共通の体験と個別の体験の両者を行ったり来たりする必要があると指摘しています[4]。

日常の「安全感」が失われたことを実感した後では、エシッグの主張、なにより彼がこの問題に真摯に取り組んでいるであろうその佇まいが、画面を介しても心に残りました。特にパンデミックにおけるパラドックスは、コロナ禍で人と出会っていく際におさえておかなければならない特徴でしょう。

また、米国の先生とのあいだで、オンラインを介して一瞬でも私が安心し、自分の気持を感じられたことは、そこに、オンラインで人と会っていく際のヒントがあるように思いました。それらを整理すると、①人とつながりたい気持があり、他者の求めに応じようとする感性を持っていること、②今ここで起きている「外の世界の現実」をそのままに認め、恐怖、無力感、喪失、そうしたさまざまな体験に対しても開かれていること、③これらが二人のあいだで体験できるような、そして話し合えるような、嘘のない関係性が体現されること、が鍵であるように思いました。

オンラインの独特の感覚

コロナ禍やオンラインでの体験のさまざまな側面が整理されていく一方で、私がこれまでにオンラインを通して感じ続けた、確実に存在しながらも、どこか宙に浮いた感覚についてどう考えたらいいでしょうか。

◇宙に浮いた感覚

コロナ禍以前からオンラインを利用した精神分析について研究しているジリアン・ラッセル *Russell, Gillian* は、英国から米国の田舎に引っ越した際、オンラインに移行しました。当時のことを彼女は「私はテクノロジーで遠距離や別離のジレンマを解決できないかと、空間と時間を超越できないかと期待した」[5]〔p.364〕と振り返っています。著作“Screen Relations”の序章では、ラッセルはオンラインへの移行したのちに発見したこととして、こう述べています。

◇本書 p.210「不在の部屋と身体」を参照

画面上の関係性 *screen relations* では、二人の身体が共に存在する *co-present bodies* ことがなく、精神分析の過程は「存在し続けるありよう *state of being*」というよりも「こころのありよう *state of mind*」に限られることを私は見出した。[6]〔p.xvii〕

オンラインで「こころのありよう」は感じることができても、その人全体、その存在を丸抱えしながら会っていくような「密」な体験はどうしても不在になることの指摘と捉えられるでしょう。このあたりのことを、エシッグとラッセルは、オンライン上では物理的に不在にしている他者と共に「どこかにいる」感じを体験するとして、「テレプレゼンス *telepresence*」の概念を使って説明しています。

人は外的世界において自分の意図を成功裡に行為へと移すことができ、それに対して適切なフィードバックを得られると、そこに誰かと共にいる気持や体験が生まれます。それを実際のプレゼンスと呼ぶとします。技術の進展に伴い、そこに一緒にいなくても、共にいるようなプレゼンスを感じるようになり、その最初の例として電話をあげつつ、テレプレゼンスとは、物理的に一緒にいないなかでもどこかで誰かと共にいる気持や体験のことであると説明します。

つまり、オンラインの技術を通しても、自分の行為に対して適切な反応を得られるのだとすれば、そこには誰かと共にいる体験が生まれるのです。そして、オンラインの面接が機能する鍵はこのテレプレゼンスをいかに維持できるかにある、としました。そのためオンラインでは、臨床家はいつもとは異なった注意を向けながら、相手を認知しようとします。それはあたかも霧のなかを運転していくような注意深さを必要とするため、オンライ

◇テレプレゼンス
本書p.77『『実際のプレゼンス』と『テレプレゼンス』』を参照

ンでの面接は対面の面接以上に神経を使うと言われるのです。彼らはそのような状態では、平等に漂う注意、レヴェリーが難しくなるとも指摘しています[7・8][†3]。

オンライン上での「確実に存在するのに、宙に浮いた感じ」をすべて説明することはできませんが、少なくとも、身体が不在になることでのプレゼンスや安全感、注意の向け方の違いから生まれる体験の違い、「存在し続けるありよう」ではなく、どこか「こころのありよう」に限定された出会いであることなどが関係していることがわかります。

4　オンラインでの面接から

では、コロナ禍でもオンラインで会い続けている相談者たちとのかかわりで特徴的な展開を、架空の相談者Aさんとの話として紹介しつつ、対面時とは異なった感覚についてもう少し検討してみることにしましょう。

Aさんは、母と密着した関係から自立を目指している青年期の女性で、週に一度お会いしています。一人暮らしをしていますが、コロナ禍に入って実家の母親に会いに行くこともできず、連絡が途絶えてしまいました。私とのあいだでも、オンラインによるビデオ面接に移行するまでしばらく会うことができず、母とも私とも会えない時期が重なりました。Aさんはこの期間、これまで以上に一人で頑張ってさまざまなことを乗り越えようとして、久しぶりにオンラインでつながると、開口一番、『大変でした』と訴え、頑張ったことを主張しました。

その後、オンラインの面接が安定してくるのに反して、Aさんはだんだん不調をきたし、生活が乱れていきます。彼女は自分の大変さを語るよりも、画面に映り込む生活の乱れによって訴えているようでした。そうした点を話し合うと、気持をうまく表現できずに、溜め込んで爆発してしまう、と捉えるようになっていきましたが、あるセッションで母と会えないことに言葉にならない想いが湧き上がって、自傷したことが語られました。私は「あてにならない」という意味では私もAさんの母も同じではなかったか、と伝え、『辛いという話は聞いていて、受け止めていたつもりだけれど、足りなかったのかもしれない』と、何かが足らないことに触れました。ここでAさんは初めて、面接室にいつものように直接行けないことが悲しく、そうなって初めて面接室が安全な場所になっていると気づいた、と話してくれました。近くてとても遠いその距離に、私も何とも言えない気持を抱えながら、この話を聞きました。この後に彼女は次第に落ち着いていきました。

安全な環境の喪失

Aさんは、コロナ禍において、日常生活の大きな変化を体験しながらも自分自身で責任をもって対応することが続き、久しぶりに会った面接で『大変でした』と訴えました。対面の面接では、その後に面接室や私の存在がありながら、物理的にも心理的にも抱えられる体験ができるはずでした。それが、オンラインへの移行によって、物理的にその場に共にいる体験ができなくなりました。オンラインの面接が安定してもなお、Aさんの体調が不良となっていった背景に、その不在に対する反応があったのではないかと思います。

通常臨床家は面接室を整え、その部屋で決まった時間に相談者を待ち、この物理的な環境を安全な環境として提供しようと、責任をもって維持しようとします。ラッセルは精神分析の設定として、「安全な環境」が早期に受けた心的ダメージを修復する上では欠かせないとして、この環境は母親が赤ん坊に差し出すような「信頼できるプレゼンス *reliable presence*」によって裏打ちされるものであり、そうであればこそ成長促進的な環境として患者を抱え、コンテインすることができると主張しています。[9]

言い換えれば、健康的に育っていく過程では、母親をはじめ、その母親を支える父親、もしくは養育者とその支援者そして社会が「安全な環境」を子どもに提供しているのです。そのなかで子どもは抱えてもらいながら、自立へと向かいます。コロナ禍の混沌とした初期の段階で社会的な機能が損なわれていった際に、子どもを丸抱えしていく責任の重さについて先に触れましたが、子どもの存在そのものを抱え続けるには、家庭だけで「安全な環境」を差し出し続けるには限界があることは明らかです。まして、親からの自立を目指し、そもそも揺れ動きやすい青年が、友人に会うこともできず、学校などの安定した場所も機能しなくなったとすれば、どれほどの心細さを感じることでしょうか。Aさんのように『大変でした』と訴える背景に、その人の生きる困難に加えて、今のこの現状で生じている安全な環境の喪失に目を向ける必要があろうと思います。

◇安全な環境の喪失

同時に、私が『足りなかったかもしれない』と言った際に、面接室が安全な場所として思い出された背景には、私とのあいだで創り出され、体験されつつあった「安全な環境」の存在が今は失われていること、しかしながら、その存在が私とのあいだでは言葉にすることができ、それが彼女の心に残りつつあるという、「失うなかで見出す」というパラドックスを示しているように思います。それが、私とその相談者だからわかること、というどこか親密な感じが生まれるような瞬間であることは、「安全な環境」が心に残るうえで、関係性に裏打ちされた感覚がそこにあることを伝えていると思います。

治療の設定の変化

オンラインへの移行に際して考慮すべき点として、エシッグ[10]、ワインバーグ[11]が、セラピストや面接室の物理的空間によって抱える環境は失われ、治療設定のコントロールの多くがクライエントに任されると指摘していることからも、Aさんの体験の「大変さ」は理解できます。自分自身でパソコンを用意して、邪魔の入らない部屋（もしくは場所）を探しだすのも、ティッシュの箱を脇に置くのも、相談者に委ねられます。そのため、治療の設定における相談者の主体的なかかわりは増すと言われます。

ワインバーグは特に治療の設定を整えるうえで、使用する技術的なプラットフォーム（ZoomやSkypeなど）の設定方法や使い方を臨床家がまず知っておく必要性を述べていますが、これは、オンラインでの面接の設定を安全なものにするために、相談者を手伝っていくプロセスが面接過程に含み込まれることを意味しています。このことからしても、相談者と分析家／セラピストの関係性は通常の場合と異なると言えるでしょう。

ラッセルは、安全な環境を体験したことがないために治療に来ている患者が、安全な環境をみずから創り出すことを期待するのはそもそも合理的ではないと言っていますが、それも、見過ごすことのできないポイントです[12]。オンラインで会うことの背景には、さまざまな治療設定の前提が変わっていることを理解する必要があります。

私はこうした議論は、精神分析やサイコセラピーだけではなく、さまざまな場所において今起きている事象を説明する際に役立つのではないかと思います。例えば大学生たちは、自分たちでオンラインの授業を続けていくために、通学しない生活のリズムに慣れ、機材

◇本書p.135「コロナ禍におけるキャンパスメンタルヘルスの実践」、p.173「学生のための体験グループ」を参照

などのインフラをみずから用意し、オンライン授業に必要な異なったかかわり方を身につけ、課題や授業のスケジュールを管理しなくてはなりません。今まで大学や先生が用意してくれていたことを、学生たちが自分自身で担っていかなくてはならないため、負担は増えているのではないでしょうか。コロナ禍でなければおそらく不調にならなかったような学生を見ると特にそう思います。

さまざまな急激な設定の変化が生じたとき、人々の心にどのような影響を及ぼすのか、メンタルヘルスを考えるうえで欠かせないポイントではないでしょうか。

コミュニケーションの在り方

◇身体間のコミュニケーションが欠ける

ワインバーグはオンラインへ移行する際の考慮すべき点の二つ目に、身体間のコミュニケーションが欠ける点をあげています。対人神経生物学的アプローチを紹介しながら、私たちが身体的な相互作用を通してお互いを調整しあい、それが感情を調整する助けになっていることを指摘しています[13]。

ラッセルも、コミュニケーションのうちの六五%は非言語によるもので、テクノロジーを介するとそのほとんどが失われる、と紹介しています[14]。エシッグも、私たちの身体は、相手の身体に反応しながら、暗黙に模倣し、身体が関係しあうことによる共感が生まれるプロセスがそこにはあると説明しつつ、オンラインでは非言語的な手掛かりを得ることができないために、コミュニケーションを理解するために通常以上の注意を払っているほか、より不確かなコミュニケーションのなかで共感の精度が下がるため、相手に対する謙虚さが必要とされると指摘しています(15)。

Aさんは、言葉にしきれないいろいろなものが湧き上がってきていることを、言葉でも、生活の乱れによっても訴えましたが、対面で会っているときよりも派手に訴えないと、私に伝わった感覚がもてなかったのではないか、私の身体で受け止めた感覚が、彼女には十分届かなかったのではないでしょうか。

一方で、本当に身体を介したコミュニケーションがないかといえば、そうとも言えません。というのも、ワインバーグも指摘しているように、ビデオ会議を用いたオンラインの画面では、顔の表情がこれまで以上によく見えるようになるからです(16)。表情に表出される不快感、不安、漏れ出る感情など、表情は多くの情報を与えます。コミュニケーションの在り方が違うことに留意し、不在となったものに代わる可能性が提示されているとき、私たちはその利用可能性を真摯に考えていく必要があるように感じます[†4]。

◇顔の表情

5　おわりに

私たちが相談者とその場を共有しながらサイコセラピーを実施してきた日常の安全感は、今のところ失われてしまっています。先行きが不透明ななかで、オンラインへの移行は、安全に人と会う一筋の道を提供してくれていると言えます。

ただ、その体験は完全に対面の代わりになるものではないことは明らかです。「対面か」「オンラインか」のeither/orの議論に陥るのではなく、オンラインの特徴や限界を学びながら、エシッグやラッセルたちが繰り返し創造性を働かせる必要性を主張するように、今この時にできる最大限のことを真摯に考えていくことが、コロナ禍の臨床で大切だと感じています。

そのなかで何がどう機能して、相談者の人生の困難に役立つのか、これからその検証が必要になっていくのでしょう。幸い、このパンデミックにおいて臨床家がどのような体験をしているのか、オンラインでつながっている私たちはあまり時間差なく知ることができるようになっています。日本のように対面、オンラインへの移行に関して、個人の判断が重視される国では、特に、臨床家どうしがどのような体験をしているのか、共有することの意味があるように思います。

最後に、“Psychoanalytic Dialogues”に掲載されたアンソニー・バス *Bass, Anthony* のコロナ禍の体験を紹介します。[17]

枠組がより柔軟になって、私はZoomを通して患者の赤ちゃん、青年の子ども、妻や夫を紹介された。前例のないような時代に、私たちや私たちの患者の、どのような新たな顔が見えるようになったのだろうか。そしてそれは、どのような心的体験を生み出すであろう。私たちは私たちが見出したことを話し合うことができるだろうか……ある患者はこう言った、『この暗闇のなかで、びっくりするような灯りを見つけつつあるんだよ。こんな苦しみのなかで、こう言うのもためらわれるし、矛盾しているかのようだけど、この封鎖のなかで私は自分自身が開かれていくのを感じているんだ』と。多くの人がこれほど自分たちの夫、妻、子どもたちと時間を過ごしたことはなかったと言う。ある人にとっては、皆が共に隔離される体験は、解体を早めるかのような耐え難い実刑を受けたように感じ、ある人は共に過ごす防空壕のなかで新たな親密性を見出している。死や喪失に対する不安を分かちあうことで、彼らの距離はこれまでになく縮まっている。セラピーでも家族でも、傷つきやすさが分かちあえているという親密な感覚が、新たなレジリエンスと安堵の感覚をもたらす。〔p.628〕

皆さんが、どんなに小さくとも、暗闇のなかに灯りを見出していますように。そして、その灯りを今は頼りに、私たちが再び密に出会う自由を取り戻せることを願います。

※本稿は、現代精神分析研究会主催のオンラインシンポジウム「コロナと精神分析的臨床――距離、オンライン、会うこと」〔二〇二〇年八月十日開催〕での発表をもとに加筆・修正された。

†1　世界的なパンデミックのなかで、米国の分析家が、面接のなかで二〇一六年十一月から始まったトランプ政権に至ったトラウマと重ね合わされることが多いと言及しており〔Bass, 2020〕、世界的な体験でありながら、その国ごとに思い出される出来事の違いを示しているのは興味深いです。

†2　エシッグ氏の立場については、次章の山本雅美氏による、ホワイト研究所の今回のコロナ禍への初期対応、オンライン推奨者ではないことの記述を参照してください。山本氏も「スクリーン関係において、関係を深めていくときには、その異なる文脈の意味を一緒に考えられる関係の構築が重要となります」と述べ、コロナ禍対応について「私は自分と家族、クライエントとその家族の安全を第一に考えると決め」た姿勢を取っています。両者から伝わる相談者との関係性を重視する姿勢のなかに、米国の対人関係論、関係論が大切にする真正性 *Authenticity* を感じることができ、それは私が米国の先生とのスクリーン関係のなかでも感じた安心感を裏打ちしていたと理解することができましょう。

†3　「テレプレゼンス」やそれに続く詳細な説明は、次章の山本氏による説明を参照してください。

†4　米国の精神分析界の関係論と言われる潮流をつくりだしたルイス・アロンは、ワインバーグとのインタビューで、精神分析が文化を完全に取り入れてしまったら、批判ができなくなり、かといってそれから取り除かれるようであれば、文化にかかわることもできなくなる、その文化の一部でありながら、離れていることの弁証法的な関係のなかに精神分析の進化はある、と答えていた点は興味深いです。アロンもアトラスも、枠組が違うことについて、患者と話し合いをしていくことを、そしてそのようなオンラインの体験を積極的に訓練のなかでもスーパーバイザーやファカルティと話し合っていくことを勧め、こうした体験を蚊帳の外におかない重要性を示しています（Weinberg, 2020）。

(1) Essig, T. (2020a, July 16) British Psychotherapy Foundation. Remote Therapy Webinar: Presented by Gillian Isaacs Russell & Todd Essig – 11/07/2020. [Video] https://www.youtube.com/watch?v=Hfeb-HoYLES4

(2) Essig, T. (2020b, March 31) American Psychoanalytic Association. Emergency Conversion to Teletreatment: Making it Work. [Video] https://www.youtube.com/watch?v=hZW1LBrtveo&t=5s

(3) Essig, T. (2020c) "Want to see your therapist in-person mid-pandemic? Think again." https://www.forbes.com/sites/toddessig/2020/06/27/want-to-see-your-therapist-in-person-mid-pandemic-think-again/#64332d64624f Frobes on line.

(4) Essig, T. (2020a).

(5) Russell, G.I. (2020) Remote working during the pandemic: A Q&A with Gillian Issacs Russell. *British Journal of Psychotherapy*, 36(3): 364-374.

(6) Russell, G.I. (2015) *Screen Relations: The Limits of Computer-Mediated Psychoanalysis and Psychotherapy*. Karnac.

(7) Essig, T. (2020b).

(8) Russell, G.I. (2015).

(9) Russell, G.I. (2015).
(10) Essig, T. (2020b).
(11) Weinberg, H & Rolnick, A. (2020) *Theory and Practice of Online Therapy*. Routledge.
(12) Russell, G.I. (2015).
(13) Weinberg, H. & Rolnick, A. (2020).
(14) Russell, G.I. (2020).
(15) Essig, T. (2020a).
(16) Weinberg, H. & Rolnick, A. (2020).
(17) Bass, A. (2020) Dark days, and bright spots. *Psychoanalytic Dialogues*, 30:627-628.

コロナ禍とユーモア

石川与志也

ユーモアとは

ユーモアは平時には歓迎されるが、有事には疎まれる傾向にあるのではないか。コロナ禍においてユーモアについて考えるとき、私のなかにこのような考えが湧いてきました。新型コロナウイルス感染症（COVID-19）が拡大する状況下でも、「冗談なんて言ってはいけない、不謹慎だという空気が漂い、ユーモアや風刺は、自粛され、表沙汰になれば謝罪に追い込まれたこともありました。

その一方でユーモアは、困難な状況のなかでこそ力を発揮するものでもあります。苦難の歴史を持つユダヤ人がユーモアの達人であるのは有名なことですが、紛争地や被災地、国家権力による弾圧の厳しい国々において多くのユーモアが語られているという事実は、わたしたち人間がユーモアという興味深い道具を持つようになった意味を考えさせられます。

ユーモアは楽しい言葉遊びや機知に富んだ表現という側面だけではなく、破壊性や攻撃性を含んでいるものです。それは、ユーモアが常識的なものの見方や慣習的な価値を脱中心化し、転覆する作用をもつところに明瞭に現れています。「すべての創造の行為はまず破壊の行為である」と言ったのはパブロ・ピカソですが、ユーモアは、言葉遊びやノンセンスを通して、常識や慣習、タブーや集団ヒステリーなどにより見えなくなっていたものを見ること、そして心の自由を回復することを可能にする時間と空間を創りだす作用をもっています。

コロナ禍の日本で生活するわたしたち

COVID-19のパンデミックはわたしたちの生活に大きな影響を与え、これまでの日常が非日常になり、非日常が日常になりました。今回のコロナ禍において日本人の感染者や死亡者の数が欧米と比べて明らかに少ないことが注目されてきました。その要因としてさまざまなことが言われていますが、日本人の社会生活の様式や自粛要請への従順な反応が、そこに寄与する要因のひとつであるという指摘もありました。それが感染症の予防にある程度貢献したであろうことは大きな意味があったと思いますが、同時にわたしたちは、表面的な「きれい好き」の裏にある「残酷さ」にも目を向ける必要があるでしょう[1]。

清潔さや従順さは、強迫性に基づくものであると考えるとき、そこには我慢があり、生々しい欲求や生き生きとした自由な心を閉じ込めることにもつながります。そして、表面に現れる清潔さや従順さの裏にある「汚したい」「欲求不満を吐き出したい」という衝動は、「自粛警察」と言われる、自粛しない人、マスクを着用しない人などに向けられる過度の攻撃や、感染者や医療従事者に向けられる差別というかたちで現れていると考えることができると思います。

また、今回のコロナ禍においてわたしたちの心のなかには、起きていることを直視するよりも否認する、思考して声を発するよりもどこか諦めて受け入れるような側面があるように思います。そのことを考えるとき、東日本大震災後に来日した組織分析の専門家であるガットマン *Gutmann,D.* が、福島原発事故に対する日本人の反応を分析し、日本人の行動を特徴づける受容や運命論の基礎に地震によって生まれた列島に住み、地震や津波などの天災に苦しめられてきた日本人の「創始の地質学的トラウマ *founding geological trauma*」があるという作業仮説を提出したことは、よく考えてみる価値のある指摘であると思います[2]。

わたしたちはコロナ禍における自粛と萎縮のなかで、気づかないうちに、自分の心にマスクをし、それが続くうちに、マスクをしていることが当たり前のことになり、当然感じる不安や、個人的な欲求や情緒を感じなくなってきてはいないだろうかと、自分の心と対話をして考えてみる必要があると思います。

コロナ禍におけるユーモア

コロナ禍において、わたしたちの自我が自身の心の安定を維持しようと懸命にはたらいている様をおおらかな眼差で見みるとき、時に滑稽な自分の姿を見ることがあります。私は、帰宅して一生懸命手洗いをしている自分をふと離れて見たとき、自分が手についているかもしれないウイルスだけでなく、自分の感じている不安、さらには無意識的な罪悪感のようなものを洗い流そうとしているのではないか（マクベス夫人！）という連想が浮かび、おかしみを感じ、それとともに身体に入っていた力みが緩む体験をしたことをよく覚えています。

このことから、フロイトFreud,S.が怯える自我に優しく元気づけるように語りかけるのがユーモアであると言ったことを思い出します[3]。ユーモアはわたしたちが自分の心を覆っているマスクと遊ぶことを可能にし、マスクで覆っていた心に触れ、味わうことを回復するひとつの契機となると私は思います。ユーモアがこのようなはたらきをすることを、私は慢性統合失調症の患者さんや東日本大震災後の宮城や福島の方々との仕事から学んできました。統合失調症の患者さんとの集団精神療法においては、ユーモアが、精神病的な不安から自由になり他者と共に遊べるようになる契機になることを、震災後の東北の方々とのワークショップやサポートグループにおいては、ユーモアが、恥や罪悪感、タブーを超えて率直な気持を語る空間を作る起点となることを学びました。

わたしたちは、コロナ禍の生活のなかで、人との距離が近い状況に不安を感じ、マスクをしていない人に怒りを感じたり、マスクをしたりアクリル板を挟んだりして話さなければいけない不自由さに欲求不満を募らせることがしばしばあるでしょう。その一方で、子どもたちが遊びのなかで「ソーシャルディスタンス！」と言って人との距離をとることを遊びにしたり、大人がマスクやアクリル板を介して話す不自由さを笑いに変えたりすることも、そこここで起きていると思います。

このような遊びは、一方的な攻撃やいじめにつながる危険を孕んでいることをいつも考える必要はありますが、その攻撃が他者や自分に向けられるのではなく、遊ぶことのなかでわたしたちの心を覆う見えないマスクやアクリル板に向けられるなら、そこに創造性が発揮される可能性があると思います。起きている事態に対してユーモアのある態度を持つことで、わたしたちは受動的な被害者から能動的な主体者へ、遊ぶことのできる心の自由さを持った存在へと変わることができることを覚えておきたいものです。

　もちろん、ユーモア的な言動が「躁的防衛」としてわたしたちの体験している心の痛みを否認するために用いられ得ることも、心に留めておく必要があります。そのようなとき、一見ユーモアのような言動が実は自分の心のなかの消化しがたいものを排出するためだけに用いられていることがしばしばあります。一方、ユーモアが本来のはたらきをするところには、消化し難いものを消化するための時間と空間が作り出され、それは生の喜びを生み出すことにつながる、と私は思います。

　三谷幸喜原作・脚本の映画『笑《わらい》の大学』（星護監督、二〇〇四年）は、ユーモアのもつこのような特徴を生き生きと描き出しています。この映画のなかのある場面で、検閲官の向坂（役所広司）に〝お国のために〟という台詞を三回入れるように要求された喜劇作家の椿（稲垣吾郎）は知恵を絞ります。そして、貫一とお宮が話している場面に急に母親が登場し、話の展開が変わるような喜劇を考え出します。

貫一　お宮さん、私はお国のために戦ってまいります。お国のためなら私は死んでも構わない。お国のためなら…

　と、そこへ現れる貫一の母。

母　貫一さん、ご飯ですよ。今夜はあなたの大好きなすき焼きよ。美味しいお肉買ってありますよ。
貫一　ああ、お宮さん、僕はお肉のためなら死んでも構わない。

この脚本を読んだ向坂は『私が言っているのはそう言うことではない！』と怒り、椿は『すみません！』と言って急いでこの原稿を丸めて捨てますが、椿が帰った後で向坂はそれを拾い、ひとり、この原稿を見て吹き出すのです。この劇中劇はノンセンスな言葉遊びと個人の自由や人間性を弾圧するものへの反抗の両方を表現するうまいユーモアの表現です。それに加えて、椿とのやりとりを通して、生まれてから一度も心から笑ったことがなかった検閲官の向坂が笑うようになり、さらに物語終盤、出兵することになった椿に対して『生きて帰ってこい。お国のために死ぬなんて口にするな。君は自分で書いているじゃないか。死んでいいのは、お肉のためだけだ』と、声を震わせて言うようになることは、ユーモアのもつ力をわたしたちに教えてくれます。

おわりに

精神分析臨床における治療者のユーモアの使用については、議論のあるところです。他所[4]で詳しく論じたのでここでは検討しませんが、コロナ禍の精神分析臨床におけるユーモアについて一言、私の考えるところを述べておきたいと思います。

それは、治療者が自分自身の心のなかに起きてくるさまざまな反応に対して「ユーモアのある寛容さ」[5]をもつことの大切さです。そのことは、コロナ禍における社会力動や個人力動の影響を受け、負荷のかかっているわたしたちの心に、自由な空間をつくり、治療の場において生まれてくるものを味わい、クライエントとともに遊ぶことを可能にする助けとなるからです。わたしたちは必ずしもコロナについてのユーモアを言う必要はありません。心のなかにユーモアのある態度をもつことが、わたしたちのクライエントが治療空間において心の萎縮から自由になり、創造的になる場をつくる一助となると私は思います。

有事においてわたしたちは、自分の心に生じた「揺らぎ」を閉じ込めたり排除したりすることで、心の安定を図ろうとする傾向にあります。それは行き過ぎると、わたしたちを他者との関係から孤立させ、自分自身の心との生きた関係を疎外することにつながります。わたしたちの心に安全感がないと、「揺らぎ」を増幅する作用をもつユーモアは、脅威に感じられ、遠ざけたくなります。しかし、安全な場を作りながら、そのなかでユーモアを愉しむことは、固まった心をほぐし、わたしたちが他者との関係と、自分自身の心との関係にひらかれて、生き生きとした空間を回復することを可能にしてくれます。そのようななかでわたしたちは、消化し難いことを消化し、考えられないことを考えることができるようになり、人間としての心の営みを回復することができるようになるのではないかと私は思っています。

(1) 北山修 (1988/2018)『心の消化と排出——文字通りの体験が比喩になる過程』創元社／新版：作品社

(2) Gutmann, D. (2012) A revealed work area for group psychotherapy and group processes: The nuclear accident of Fukushima (March 2011). 集団精神療法, 28:131-143.

(3) Freud, S. (1928) Humour. *Standard Edition, 21*, pp.161-166.　石田雄一訳 (2010)「フモール」『フロイト全集19』岩波書店

(4) 石川与志也 (2018)「精神分析状況におけるユーモアの治療的使用」ルーテル学院研究紀要, 52:13-25.

(5) Giovacchini, P.L. (1999) Humor, the transitional space, and the therapeutic process. In J.W. Barron. (Ed.), *Humor and Psyche: Psychoanalytic Perspective.* The Analytic Press, pp.89-108.

失うことと掛け替えのないこと

山本雅美

1　コロナ禍における私の立ち位置

新型コロナウイルスのパンデミックによって、私たちの生活は大きく変わりました。今まで大して意識することのなかった「まわりのものに触る」「人と会う」といった行為が、いちいち意識し、細心の注意を払わなければならないものに変わりました。

このような変化は、私たちの臨床の仕事も直撃しました。クライエントと対面して会うという、これまで当たり前にできていたことが、当たり前にできなくなったのです。この「当たり前に人と会う」ことを失って、私は、人と人が「直に会う」ことを改めて考え、これがいかに掛け替えのないことか、その価値に気づく機会を得たと感じています。このことについて、臨床実践、セラピスト仲間の体験、そして個人的な経験を通して、私のなかでひとつのまとまりとして浮かび上がってきたことをお話ししたいと思います。

失ってからその価値を知るという経験は、皮肉なことのように見えます。そんなに価値のあるものなら、初めから大事だと思って味わい楽しむことができたらどんなに良いでしょう。しかし概して、掛け替えのないものとは目に見えず、それは意識することもないくらい当たり前にあるということなのかもしれません。

このように考えると、掛け替えのないものの価値に気づくということは、それを失ったときに、失ったことを捉えること、そこに意識を向けることではないでしょうか。これは思いの外、容易なことではないようです。これを見失わないように感度を磨くこと、失う痛みに耐える力を備えることは、心理臨床の仕事に欠かせないと思います。

◇パラタクシス経験 シンタクシス経験

このような過程は、心理学的には失ったものを自分の一部とすることでその痛みを克服しようという「取り入れ」の機制として理解することができます（例えばローワルド *Loewald,H.W.* がこれを論じています[1,2]）。また、個人的な経験（パラタクシス経験）を、他者と共有し、吟味できる経験（シンタクシス経験）へと変容させ、相互理解の達成という対人相互作用を可能にする象徴の獲得の過程としても説明できます[3]。これらはまさに、精神分析において発達に不可欠で、自分を理解し、他者と関係を築いて満足を追求していくことができるようになるうえで大切な機能とされてきたことに他なりません。これは、私が日々の心理臨床で目指している営みでもあります。これが言うほど易しくなく、人が一生、絶えず模索し、時に苦悩する過程ではないかというのは、私の臨床経験を通して感じていることでもあります。

オンライン面接が可能になり、人と人は新しい会い方ができるようになりました。離れていても会うことができるという、オンラインが新しい可能性を開いたことに違いはありません。しかしこれは、直に会うこと、直接の経験を失うことでもあります。失われたものを捉えるという観点から「会うこと」を考えます。コロナ禍の臨床によってこのことが際立ったと考えています。

2　私のコロナ禍対応

私は米国にあるホワイト研究所〔ウィリアム・アランソン・ホワイト精神医学・精神分析・心理学研究所 *The William Alanson White Institute of Psychiatry, Psychoanalysis and Psychology*〕というところで精神分析家養成の訓練を受けました。その訓練期間を含む合計十三年、米国ニューヨークに在住し、六年前に帰国しました。インターネット、ビデオ通話が手軽になったおかげで、帰国後も研究所や当時の友人、同僚と頻繁に連絡を取り続けることができました。このような事情から、コロナ禍対応においても、米国発信の情報に大きく影響を受けました。

その経緯を簡単にまとめると、日本で最初の新型コロナウイルス感染者が確認されたのは一月中旬でした。当時、米国内ではそのような報告はなく、まだ騒がれていなかったようです。しかし、米国で四名の感染者が確認された三月上旬、感染疑いのある人はホワイト研究所の入所を制限され、今後の状況次第で研究所の閉鎖を検討しているという通知が、研究所の関係者に届きました。また、同研究所出身のテレセラピーの大家の一人であるエシッグ *Essig, T.* が「今後ひょっとしたら地域ぐるみの隔離がおこなわれるかもしれない。そうすると、テレワーク[†1]が必要となるかもしれない」と注意喚起し、その場合のためにと、オンライン面接をおこなうためのガイドラインをコロナ禍対応に修正して、メーリングリストに掲載しました。これは、前者の通知より早い二月二十八日でした。彼は、先にテレセラピーの大家と述べましたが、その推奨者というよりも、通信技術の発展に伴い遠隔療法が今後の心理臨床の避けられない現実であることを踏まえたうえで、その限界と危険性を今回のパンデミック以前から提唱してきた一人です[4]。このような立場から、今回のパンデミックにおいて、いち早くテレセラピーの到来可能性に反応できたのだろうと思います。

当時、日本では、緊張感こそ増してはいましたが、身近なところで具体策が次々と提示される米国と比べて、警戒感の程度に相当の開きがありました。一月の時点では対岸の火事で「大変ねえ。気をつけて！」と私に言っていたニューヨークの友人は、三月には「対

◇テレセラピー（遠隔からおこなう心理療法）

面面接などとんでもない！」という勢いで、完全な外出自粛生活を送っていました。一月から三月のあいだに、コロナ禍対応の情勢は日米で完全に逆転していました。

このような感染予防策を着実に進めるさまを目の当たりにしていたこと、そして家族に病人がいたこともあって、私は、自分と家族、クライエントとその家族の安全を第一に考えることに決めました。そこで、三月中旬から徐々にオンラインに切り替えて四月以降、二〇二〇年十二月現在も全面的にオンラインで面接を継続しています。

3　再考：オンライン面接

さて、オンラインに移行してみると、面接は案外とスムースに進みました。最初ためらっていた人たちも、話し合いを重ねるなかでオンラインに移行することを決め、オンライン面接に少しずつ慣れていきました。

しかし、先述のエシッグが述べているとおり[5・6]、オンライン面接が対面面接の代わりになるからと言っても、これらは同一のものではありません。オンライン面接では「一緒にいるかのような」経験をしていますが、現実にお互いは同じ場にいませんし、身体は空間を共有していません。エシッグが指摘するのは、この身体的な空間共有によって紛れもなく

「ある」「いる」という、「実際のプレゼンス actual presence」とは一線を画した「テレプレゼンス telepresence」の問題です。

◇テレプレゼンス

「実際のプレゼンス」と「テレプレゼンス」

実際は近くにいないにもかかわらず、人はどのようにして、相手といるかのような感覚を経験できるのでしょうか。現代の生活では電話やテキストメッセージなどですっかりお馴染みですが、改めて考えてみると、これは興味深いことであり、プレゼンスをどのように感じられるかという問題です。

◇本書p.97～「オンライン臨床におけるクロスモーダル体験」、p.216「映し返し」を参照

先のエシッグは、ラッセル Russell, G.I. の「人は自らの意図を行動に変容させることに成功して外界で行為できる時、プレゼンスを経験する」〔p.138〕[7] というやや難解な定義をもとに、プレゼンスの成立過程を示しています。彼によると、意図を行為として外界に表し、その行為に対して時間的に適切なフィードバックを得ることによってプレゼンスが成立します。例えば、ブザーを鳴らすことを意図したとき、実際にブザーを押すという行為をおこない、それに対して音が鳴る、ブザーを押した手応えを指先で感じる、その音を聞いた人が振り向くなど、即座にフィードバックがあると、その外界に自分がある、自分がいるというプレゼンスを感じることができるのです。

物理的なプレゼンスに加えて、社会的にも「こんにちは」と人に挨拶して、相手からも「こんにちは」と返ってくれれば、お互いのプレゼンスを感じることになります。もし返事が返ってこなかったり、長い間が空いてしまったりすると、自分がいるのかどうか、そのプレゼンスが危うくなることになります。したがって、距離が離れていても、スクリーン越しに時間的に適切なフィードバックを行き交わすことで「まるでそこにいる」ように感じられることになります。

◇スクリーン関係

これを「対面関係」に対して「スクリーン関係」と呼びます。対面関係は現実に、今自分がいる場所に、共にいる相手と、実際にいる経験です。他方、スクリーン関係とは、自分がいないどこかに、物理的に不在な他者といるという経験になります。両者は一緒にいるというプレゼンスを経験していますが、そこで起こっていることは大きく違っているのです。

スクリーン関係を可能にする二つの側面

「離れていても共にいる」と感じられるテレプレゼンスにより、スクリーン関係が成立することを述べました。さらに、このスクリーン関係が機能するためには二つの側面が必要になります。[8・9]

一つ目は、テレプレゼンスの経験が、オンライン通話を可能にする機器やプログラムといった通信テクノロジーに依っているという技術の側面です。しかしテクノロジーは必要ですが、その役割は背景に遠のき、それが見過ごされています。「本当はそばにいないけど、今日のインターネット回線は安定しているので通話は快適だなあ」などテクノロジーが意識を占めていては、やりとりはうまく成立しないでしょう。実際は複雑な高度技術に依っているけれどもまるで依っていないかのようであるから、自然なやりとりが成り立ちます。

スクリーン関係の成立に必要な二つ目は、心理的な側面です。スクリーン関係に関わる人が、そこに注意を向け、その関係を求めなければ成立しません。テクノロジーの現実をひとまず横に置いて、まるで一緒にいるかのようであると想像力をはたらかせることも含まれます。

繰り返すと、対面と違ってスクリーン関係は、テクノロジーに依るという技術的側面がまず必要です。しかしその技術はまるで介在していないかのような幻想を伴っています。そして、スクリーン関係の成立にもうひとつ必要なのが心理的側面で、そこには、相手との関係に「注意」を向け、相手と関わることを求め（「欲求」）、そこで空想をはたらかせること（「想像力」）が含まれます。これらのいずれも抜きにしては成立しません。スクリーン関係は、テレプレゼンスを維持できる限りにおいて可能となる関係なのです。これらを不問にし「紛れもなくある、いる」経験とは、この点からも違いのあることがわかります。

経験の可能性：対面関係とスクリーン関係の違い

スクリーン関係と対面関係の違いについて述べてきました。さらに、両者は、そこで得られる経験の可能性にも違いがあります。

まず第一の違いは、対面ではその場、その人の空気、匂いを感じることができます。そして相手の眼差し、仕草、形格好、動き方、その実体から得られるあらゆる感覚、感触、刺激をそのまま感じてその人と出会います。一方、オンラインでは、二次元の画面を通して得られる情報の範囲内でしか相手と会うことができません。経験の豊さ、濃密さとでも言いましょうか、エシッグが充満や豊富さ *repleteness or richness*, 関係の身体化 *relational embodiment* と述べている側面と関連します。(10・11)

例えば私は、オンラインで面接を開始した人について、街中ですれ違ったときに相手に気づくことができるだろうか？　と思うことがあります。画面で見るその人の顔は知っていたとしても、その人のもつ雰囲気や圧、動き方など実体を知りません。たとえ相手に気づいたとしてもお互いに「こんなに大柄な人だったのか」とか「こんなに落ち着いた雰囲気のある人なのだ」など、スクリーンでは感じ取れない、直でこそ得られる経験に新たな発見があるのではないかと想像します。

　また、外出自粛の生活が長引くにつれ、友達とスクリーンで会うことができても、直に会って得られる満足感とは「なにか違う」と訴えるクライエントが増えてきたように感じます。お互いの実体や身体を通して得る経験は関係の性質にも違いを生むことが推察されます。

◇本書p.214「本物ではない感じ」を参照

　対面関係とスクリーン関係の経験の可能性の違いの一つとして、経験の豊さ、濃密さが挙げられます。

　両者のもう一つの違いは、リスクの可能性です。実際に対面しているとき、現実にそれをするかどうかはともかく、相手に触ろうと思ったら触れたり掴んだりすることができます。ものを投げつけたり、叩いたりすることもできます。これはオンラインの関係では起こり得ない可能性です。できるけどしないという経験と、最初からそもそもできない、不可能な経験とでは、その意味が異なります。

　例えば、相手が気に入らないと思ったとき、対面でそれをそのまま直接表すことは勇気のいることでしょう。できるけどしないという、一般には多少気に障ることがあったとしても、なんらかの抑制を効かせようとするでしょう。一方、オンラインでは、画面に映っていなかったり音が消されたりしていれば、何をしていても相手にはわかりませんから、横を向いたり笑顔を浮かべたりしながら罵ることさえできます。直の関係でそんなことをすれば、罵り返されるかもしれません。このような危険があるからこそお互いに抑制を効かせ、安心を経験することができると言えます。

　このようなリスクの可能性の違いのために、オンラインで人が普段より大胆になれたり、逆に人によってはこれが不安となって制止が効きすぎてしまったりすると考えられます。オンライン関係では、スクリーンに映っていなければ何を言っても何をおこなっても相手は知ることがありません。そこで起こっていることが意識化されなかったり無視されたりすると、失われたままとなります。同じように『こんにちは』と発言しても、直接会って言っているのか、スクリーン越しで言っているのか、その言葉が交わされている文脈によって、その意味と、その経験の幅が異なります。何が起こっているのかは、文脈から切り離して考えることはできません。

◇文脈の意味を一緒に考えられる関係

　相対しているときと、相対しているかのようなスクリーン関係には、このような歴然とした違いがあります。スクリーン関係において関係を深めていくときには、対面関係と異なる文脈の意味を一緒に考えられる関係の構築が重要となります。これは、見えないことを捉えていくことに他ならないと思います。

4　見えない経験と「ない」経験

スクリーン関係の経験を豊かなものとするために、見えないことを捉えることが必要であると述べました。心理臨床もまた、見えない経験を専ら扱います。不安、恥、信頼、愛着、愛情、心など。スクリーン関係を考えるときに、見えないものを捉えることが特に際立つと言ってよいでしょう。しかし、見えないものを捉えるということはどういうことでしょうか。臨床実践から、このことを考えてみます。いずれも対面法による実践です。

クライエントAは、不安感と孤独感を訴えて来談しました。現在の生活における困りごとを中心に、これまでのこと、家族のことを話しながら少しずつ面接関係を始めていきました。しかし、家族の話をしながらも、父親が話題になることがなく、ある日、このことを尋ねてみました。そうして、母親が精子バンクを利用して人工妊娠し、Aはその結果出生したことを知りました。彼女は言葉として「父親」というものを知っていましたし、自分に父親がいないこともわかっていました。面接で本人からこのことを話すことはありませんでしたが、母親とは自分の出生について覆い隠さず話し合えるし、親戚の男性が父親の代わりをしてくれると言います。このような背景を持ったクライエントに私はそれまでに会ったことがありませんでしたので、驚きとともに彼女の話に耳を傾けました。そして「父親がいなくて別に困ったことはない」と、何のためらいもなく述べたとき、彼女の発している言葉はわかりましたが、その意味していることをどのように理解したらよいかよくわからない、という不思議な体験をしました。

彼女が「別に困ったことがなかった」ことは彼女の現実と思われました。しかしながら、彼女の訴える不安感や孤独感、彼女の家族の話を聴きながら、父親の欠落の影響を私は想像せずにはいられませんでした。しかし実体として父親の経験を持たない彼女にとって、父親が不在であることは、どのような経験なのでしょうか。そもそも、その不在をどのように捉えたらよいのでしょうか。

◇父親の欠落

いわゆる「父親不在」のクライエントには、これまでにも幾度となく出会ってきました。しかし、いずれの場合も父親は実際には存在していましたので、多かれ少なかれ不在の影響を推察することができました。

最も顕著だった例として思い出すのがクライエントBです。Bの母親は父親の不倫の相手であり、Bの妊娠がわかると父親は母親から離れていきました。Bにとって父親をつなぎ止めることができなかった自分の出生は最大の関心事であり、みずからの存在価値を揺るがしました。父親は現実ではBに関わることがほとんどありませんでしたが、Bの心のなかでは大きな存在でした。

不在と一口に言っても、実体としての父親の有無は大きな意味の違いを持つように思われます。

なお、「捉える経験がない」ということは、臨床では決して珍しいことではありません。クライエントCは、父親の仕事が成功と失敗を繰り返し、生活が安定せず、頻繁に転居と転校を強いられて育ちました。両親はやがて離婚し、それぞれに新しいパートナーがいました。Cは母親に引き取られましたが、母親のパートナーには飲酒と暴力の問題があり、気の休まる時がありませんでした。また離婚後も、両親は不仲であったわけではなく、父親が突然亡くなると、母親の精神的な病は悪化の一途を辿りました。

Cは、自分の生まれ育った環境がいかに不安定であったか、面接では壊れたレコードのように身の回りでいかに次々と事件が起こったかを、繰り返し語りました。同じ話を何回も聞かされるうちに、膠着した感じがセラピストにも伝わってきました。ある日、このような出来事を思い出したり話したりすることはどのような情緒的体験なのかを尋ねると、Cは『特にこれといった感慨はない。未だにこれらの出来事は膜に覆われたような感じがする』と述べました。そして『カオスがあまりにも日常であったため、四十代の今も「心から安心する」という状態がどういうものであるのかよくわからないのかもしれない、それが最近わかってきた』と言います。

怖かったのか、寂しかったのか、よくわからない。経験したことがない安心感は、それがないことを憂うことはおろか、それがないことを知ることもできません。その意味でCが「心からの安心の状態がないかもしれない」ことを何となく感じられるようになったことは、ひとつの達成です。そして、ないものを経験できるようになるためのプロセスは、このようなクライエントにとって重要な営みとなります。

見えないけれども捉えるものとして、Bには「不在の父親」が心のなかに存在していたことがわかります。またCには「安心感」が捉えるものとして生まれつつあると考えられます。これに対してAの実体として存在しない父親を捉えるのは、難しい問題です。人工妊娠という技術の進歩がもたらす可能性と、その新しい可能性が生むこれまでの経験だけでは計り知れない未知の世界を示す気がしてなりません。これは、実体を伴わないスクリーン関係においてないものを捉えていくときの問題に通じることでもあると思われます。

◇ないものを捉えていく

5　見えないものを捉えるための実体の価値

もしもスクリーン関係で面接が代用可能となれば、セラピストとクライエントが実際に会うこと、さらには面接室という実体は必要ないのではないか、という命題を立てることができます。

事実、対面面接にいつ戻ることができるのか、未だ見通せない米国では、高額なオフィスの賃貸料がかさみ、オフィスを手放すこと、オフィスそのものの必要性を真剣に考え直すセラピストが出てきています。そして健康上の理由や、経済的な事情から、オンライン面接へと全面的に切り替えていくセラピストがいます。その一方、経済的に差し迫ったあるセラピストは、オフィスを手放すジレンマについて、「自分の職業的アイデンティティであり、自分の仕事に正当性を与えてきた、自分の一部を手放すような感覚」であるとその苦悩を語っています。

前者のセラピストは、セラピストの職業的アイデンティティ、正当性は、オフィスという物質そのものに求められるものではないと主張します。自分の実績、自分のなかの確かな経験こそが、自分のよりどころとなる職業的アイデンティティであり、正当性であると言います。これも一面において正しいでしょう。しかしそれぞれのセラピストにとって、

◇セラピストの職業的アイデンティティ
本書 p.227～「問答」を参照

オフィス選びに始まり、そこに施した配慮や工夫、そこで出会ったクライエントやそこで展開したさまざまなドラマ、クライエントが退室した後さまざまな考えを巡らせ過ごした時間などを抱えたその空間、その実体が意味するものは、計り知れません。オフィスを経済的事情から手放すことが避けられなければ、最終的にそれは、見えないものとして心のなかに留めていくしかありません。

しかし、オフィスが意味する自分にとって掛け替えのないものを失うとき、そのことを捉えることを抜きに、それを心のなかに留めることはできないのではないか、ということが私の主張です。実体の具体的な経験があるからこそ、それを失うときにその価値を知ることができる、それを捉えることができるのではないでしょうか。

人は諸々の事情によってさまざまなものを手放していかなければなりません。失うことに変わりがなくても、オフィスを手放すことを例に考えれば、固有の事情のために意味あるものを失うことを認識して手放すことと、スクリーン関係との違いや失うものに気づかないまま対面の代わりになるという理由で手放すことには、大きな違いがあるのです。観念としてのオフィスと、実体、経験に基づいたオフィスには大きな違いがあるのです。

◇本書 p.152「面接室を設営する」を参照

◇認識して手放すこと

6 遠隔療法に関する調査研究

ここで少し流れを変えて、遠隔療法に関する調査研究を見ておきます。心理支援の資源を十分活用できない遠隔地に住む人や、自由に動けない人にも支援を行き届かせるために、通信技術を用いた遠隔療法は今回のパンデミック以前から試みられ、調査研究もおこなわれてきました。

◇面接の持続しやすさ

遠隔でおこなう心理支援の効果研究によると、これが対面の心理支援と同様に効果的であることが数多く報告されています(12・13・14・15)。オンラインのその手軽さの故に面接が持続しやすいという傾向さえ見出されています(16)。これは、遠隔地の人にも利用可能性が広がり、対面では敷居が高いと感じるクライエントが利用しやすくなる、といった遠隔療法の利点がまさに有効であることを示唆しています。しかし同じ研究で、六ヵ月後のフォローアップにおいてオンライン群の治療効果は、対面で治療を受けた群よりもやや低いという結果が示され、面接が継続することと治療効果が単純に結びつくとは限らないこともわかります。

これらの研究が対象としている心理支援の方法、対象としている問題、また調査期間などが限定的であるため、実際の効果の詳細はまだまだ今後の研究を待たなければならないのが現状です。今回のパンデミック下における遠隔療法の大々的な使用は、大量のデータを蓄積しているはずであり、今後、有益な知見をもたらすと思われます。

私の経験で言えば、在米当初から、緊急時や療養時など、必要な際に遠隔から面接をおこなっていたこともあり、今回のオンラインへの移行に抵抗がありませんでした。いつしかお互いに慣れていき、現在に至ります。

しかし思い返せば、移行の過程でオンライン面接をおこなうために設定に関する連絡や確認など、現実的・具体的なやりとりが生じました。また、本来であればセラピストの役割であるプライバシーが守られた空間の確保が、クライエントに求められることになりました。そして、お互いがスクリーン越しに会うときに相手の背景、自分の背景が映り、それに伴うさまざまな反応が喚起されました。これらが新しい探索の可能性になったり、対面とは違う新たな課題として持ち上がったり、対面の面接とは異なる経験が起こりました。オンライン面接への移行に伴う現実のなかで、お互いに慣れていったとは言え、これらは長期的に、どのように面接関係に影響するのかはまだわかりません。

誰も、最初から明らかな問題があることを始めたりおこなうわけではないでしょう。本当の影響とは気づかないあいだに進行し、気づいたときには引き返せない状況になっていることも多いのではないでしょうか。業種によっては、オンラインこそ未来の姿であり、オンラインへの移行が今後ますます進むでしょう。心理臨床も例外ではないかもしれません。しかし、失うことの経験を見失わないことに、心理臨床に携わるものの強みがあると思います。

◇失うことの経験を見失わない

パンデミック下でも面接を継続できるのは、オンライン面接がもたらす明らかなメリットですが、それと引き換えに失うものの長期的な影響は、まだ未知数と言えます。

7 個人的な話

最後に、私の個人的な経験を記してこの章を終わろうと思います。

八月のシンポジウムに向けてこの原稿を執筆しているとき、私の母は末期癌と闘病中でした。パンデミック発生前は二、三週に一回東京から実家に通っていました。緊急事態宣言が発令され、簡単に行き来ができなくなって、この間、私は東京に留まることにしました。緊急事態宣言下とはいえ、育ててくれた母に恩返しができない心苦しさがありました。

その時、ある友人に次のように言われたことが救いになりました――「母親に恩返しはできないと思う」と。この友人も、離れて暮らしていた母親を癌で亡くしていました。言われてみれば、確かに、人にしてもらったことをその人に同等に返すということはできないことに気づきました。彼女はこのように話してくれました――「わたしも当時、仕事をやめて母親と過ごそうかとも考えた。しかし、自分の将来の生活を考えるとそれはできなかった。慰めになったのは、母親がいる施設にはこの病気をよく知る専門家がいて、母親の世話をよくしてくれていたこと。この人たちは、わたしの母を自分たちの母親のように、それができない人のために代わって世話をしてくれていると思った。その場にいられる人が、そこにいられない人のために力を尽くすしかないのではないか。わたしたちの心理臨床の仕事も、そうではないか」と。

確かに、私たちの仕事は時間と空間を超えて、時にクライエントの母親の代わりになったり父親の代わりになったり、さまざまな関係をクライエントと生き抜きながら、新しい経験が生まれることを目指します。私は、自分がいたいところにいられず、母にしたいけれども直接できないことを、自分がいるところで自分が関わる人に力を尽くすことで届けられるということが理解できました。

直に会う、実際にそこにいる、直接の経験に勝るものはありません。しかしいろいろな事情でそれが得られない、できない例は、枚挙にいとまがありません。これはクライエントA、クライエントB、クライエントCが示してくれたことであり、コロナ禍を生き延びようとする我々セラピストがオフィスの問題で目の当たりにしている現実でもあります。

掛け替えのない人への思いを込めてクライエントに会っていこうと思いました。

緊急事態宣言の解除後は実家に戻り、入院となった後も面会を許され、母の近くで過ごすことができました。直に会うことは言葉に尽くせない、ということを実感しました。オンライン面接ができるので仕事を続けることもできました。母が亡くなり、最期の時間をそばで過ごせたことは、掛け替えのない時間でした。

米国滞在中に出会った、同じアジア出身の、祖父母に育てられた友人がいます。この友人の両親は、遠方のために仕事で忙しい彼女をわざわざ呼び寄せるのは気の毒だという配慮から、祖父母それぞれが亡くなったときにそのことを知らせず、彼女は臨終に立ち会うことができませんでした。亡くなった数週間後にそれぞれの死を知らされ、帰国したときに初めてお墓参りをしたということです。両親の気配りがわかると同時に、それぞれ十年以上前の祖父母の死を、いまだにどのように考えたら良いのかわからずにいる、と聞きました。彼女にとって、祖父母の死はどこか現実ではないかのようでした。

◇失うことを感じられる掛け替えのなさ

掛け替えのないことは、良いこと、嬉しいこと、楽しいことだけでなく、人の死という悲しいときにもあるのだと思いました。失うことを感じられる掛け替えのなさを少しでも、捉えて生きていけるよう、この思いを書き留めることに駆り立てられ、これを書いていると感じます。

8 最後に

オンライン面接が長引くにつれ、少しずつ、クライエントのことが遠く感じられたり、距離がわからなくなったり、なにかが変わりつつあるような感覚をもつことがあります。どこまでオンラインの問題で、どこからが面接関係の問題なのか、まだまだわからないことが多くあります。感染リスクはまだ予断を許さず、いつ対面面接に戻れるのかは不明です。会うことの価値を改めて発見し、やがて対面面接を再開できることを、私は心待ちにしています。しかし当面、スクリーン関係の挑戦に取り組むことが求められています。

今回の新型コロナウイルスのパンデミックを通じて私が改めて認識を強くしたのは、見えないものの価値であり、その見えないものをどのように捉え、見失わないでいられるか、ということです。精神分析はこの見えないものを捉える道具であり、私はこの度、精神分析の価値を見直すことになったと言えます。

※本論は現代精神分析研究会主催オンラインシンポジウム「コロナと精神分析的臨床――距離、オンライン、会うこと」の発表予定原稿をもとに加筆修正したものです。家族の事情でシンポジウムに出席できませんでしたが、ここに発表の機会を得たことを感謝します。

†1　テレ *tele* とは遠隔の意味。この文脈ではテレワーク *telework* は遠隔から行う心理療法を指す。本章ではテレセラピー、オンライン面接、リモートワーク、遠隔療法などを同義語として用いる。

(1) Loewald, H.W. (1973) On internalization. *The International Journal of Psychoanalysis,* 54: 9-17.

(2) Loewald, H.W. (2007) Internalization, separation, mourning, and the superego. *Psychoanalytic Quarterly,* 76(4): 1113-1133.

(3) Sullivan, H.S. (1953) *The Interpersonal Theory of Psychiatry*. Norton.　中井久夫・宮崎隆吉・高木敬三・鑪幹八郎訳 (1990)『精神医学は対人関係論である』みすず書房

(4) Russell, G.I. & Essig, T. (2019) Bodies and screen relations: Moving treatment from wishful thinking to informed division-making. In A. Govrin & J. Mills (Eds.), *Innovations in Psychoanalysis: Originality, Development, Progress*. Routledge, pp.228-249.

(5) Essig, T. (2020a, March 31) American Psychoanalytic Association. Emergency Conversion to Teletreatment: Making it work [Video] https://www.youtube.com/watch?v=hZW1LBrtveo&t=86s

(6) Essig, T. (2020b, July 16) British Psychotherapy Foundation. The Long Haul of Teletherapy in a Pandemic: Making it Work [Video]https://www.youtube.com/watchv=HfebHoYLES4&feature=emb_logo

(7) Russell, G.I. (2015) *Screen Relation: The Limits of Computer-Mediated Psychoanalysis and Psychotherapy*. Routledge.

(8) Essig, T. (2020a).

(9) Essig, T. (2020b).

(10) Essig, T. (2020a).

(11) Essig, T. (2020b).

(12) Barak, A., Hen, L., Boniel-Nissim, M., & Shapira, N. (2008) A comprehensive review and a meta-analysis of the effectiveness of internet-based psychotherapeutic interventions. *Journal of Technology in Human Services*, 26: 109-160.

(13) Turgoose, D., Ashwick, R., & Murphy, D. (2018) Systematic review of lessons learned from delivering tele-therapy to veterans with post-traumatic stress disorder. *Journal of Telemedicine and Telecare*, 24(9): 575-585.

(14) Mohr, D.C., Ho, J., Duffecy, J., Reifler, D., Sokol, L., Burns, N.N., Jin, L., & Siddique, J. (2012) Effect of telephone-administered vs face-to-face cognitive behavioral therapy on adherence to therapy and depression outcomes among primary care patients: A randomized trial. *The Journal of the American Medical Association*, 307(21): 2278-2285.

(15) Varker, T., Brand, R.M., Ward, J., Terhaag, S., & Phelps, A. (2019) Efficacy of synchronous telepsychology interventions for people with anxiety, depression, posttraumatic stress disorder, and adjustment disorder: A rapid evidence assessment. *Psychological Services*, 16(4): 621-635.

(16) Mohr, D.C., Ho, J., Duffecy, J. et al. (2012).

オンライン臨床におけるクロスモーダル体験

関 真粧美

コロナ禍におけるオンライン臨床

今回、私は遠隔会議用のアプリケーションを用いたオンライン臨床を初めて経験しました。会議目的に開発されたものを情緒的なやりとりに使おうとすることにはかなりの無理があったなと感じてはいますが、非常に興味深い体験でした。初めて緊急事態宣言が出された頃のことです。

当時〝セラピーを続けていくことはできるのだろうか〟という不安が大きく、その分、オンラインコミュニケーションという手段があることを希望だと感じました。この時期が災害心理学で〈ハネムーン期〉と呼ばれる時期（希望をもってみんなでがんばろうという雰囲気になる時期）に相当していたことも関係していると思います。〝新型コロナウィルス〟がつながりを切断する悪いもので〝オンラインのコミュニケーション手段〟はつながりを回復させる良いものである、という二分法的思考もあったかもしれません。しかし実際には、新型コロナウィルスもオンライン臨床も〝唐突に出会うことになった、外部性、他者性を有する対象である〟という点においては共通したところもありました。どちらに対しても、反応は人によりほんとうにさまざまでした。

認定NPO法人子どもの心理療法支援会〔サポチル〕が作成したオンライン臨床のガイドライン(1)には「感染の懸念や経済的な不安に襲われながら、家庭に閉じ込められ、孤立と分断の中にいる子どもや家族にとって、私たち心理士が彼らのことを気にかけ考えようとしていることを知ることそのものがサポートになると思われます」と書かれています。今回、感染症流行拡大に際して事前準備もなくあわただしく導入されたオンライン臨床はこの「孤立と分断」に対する緊急対処策であり、同時に、サイコセラピーの継続を支えるための〝治療構造に対するケア〟であり〝治療構造に対するサポート〟だったと思います。

コロナ禍におけるオンライン臨床は応急処置としてあったため、今回の経験をもとにしてオンライン臨床全般について語ることは困難です。もともとはオフラインで直接会って継続していた関係が一時的にオンラインになり、またオフラインに戻っていくというところが、今回のオンライン臨床の形式上のひとつの特徴だと言えます。

私の体験――クロスモーダルという観点から

私の体験をふり返ってみます。

私はもともと対面設定で会っていたクライエントとは画像ありの設定で、カウチ設定で会っていたクライエントとは音声のみの設定で、オンラインという手段を導入しました。開始してすぐに、画像ありのやりとりは私にはとてつもなく難しいと感じました。二〇一八年の情報通信研究機構の文献では、現状のオンラインコミュニケーションは「伝達情報の解像感・空間的広がり・立体感の不足、伝送情報の遅延、映像・音声以外の多感覚情報（感触等）の欠如」があることや「相手側の人や環境はこちら側のディスプレイの枠内に提示され、先方の空間との一体感・共有感は得られない」ということが述べられています。(2) このように、空間を共有していないこと、見ているものを共有していないこと、画面上の相手の目を見るとカメラからは目線が外れること、クライエントの姿が肩から上ぐらいしか見えず姿勢や全体の雰囲気がわからないこと、そしてなにより、画面の中に見えているクライエントの画像と自分が身をおいている面接室の風景とがバラバラに同時に目に入ってくるということに、脳が混乱するような感覚があって、大変に集中しづらく（どこに集中したらいいのかわからなくなる感じ）、しだいに私は、なるべく画像を見ないようにして音声だけに注意を向けるようになっていきました。

そうして視覚を遮断してクライエントの声に注意を向けていると、そのクライエントと会っていた部屋の中にその人がいる風景が浮かんでくることがしばしばありました。

このように、ある感覚情報（この場合は聴覚情報）から実際にはない他の感覚情報（この場合は視覚情報）を補完したり、感覚情報同士が相互干渉したりする人間の知覚特性を、クロスモダリティ *cross-modality* といいます。こうした人間の知覚特性を活用することがバーチャルリアリティ〔VR〕コンテンツの研究や開発において注目されています(3・4)。

クロスモダリティが関係している体験はVRコンテンツのなかだけでなく、現実の日常のなかにもあります。風鈴の音を聴いて涼しい風を感じたり、赤いかき氷シロップはいちご味であるように感じたり（実際はどの色のシロップも同じ味）、電話で話している相手が笑えばその人の笑顔が脳裏に浮かぶ、というような体験をしたことはあるのではないでしょうか。私たちは意識せず意図しないままに、入力されていない感覚情報をクロスモーダル *cross-modal* に脳内で補填して体験を編集し、構成し続けているのです。人は〝主観と客観のあわい〟を生きていると言えます。

感覚情報を受動的に受け取っているだけではなく、それをもとにして能動的に補完し編集し構成するというそのプロセスは、意志や努力とは無関係に、無意識のうちにおこなわれているものです。このことから私は〝人は本来的な有り様として、能動性を有する存在なのだ〟と強く感じました。

オンラインの交流は、得られる情報の量も種類もかなり限定されているために、クロスモーダルな補完に頼る部分もそれだけ多くなっているでしょう。多くの人が口にしているオンライン特有の疲労感は、このこととも関係があるのかもしれません。

ところで、オンライン臨床の際に、治療構造をなるべく一定に保つため、クライエントに対して毎回同じ部屋でセッションに臨むことを求めるようにと言われているのをよく見聞きしますが(5・6)、クロスモーダルという観点から考えれば、これだけでは不十分ということになります。ヘッドホン、イヤホン、椅子などの触覚に関わる周辺機器も途中で変更したりせず、毎回同一のものを使用するように、セラピストもクライエントも双方が気をつける必要があります。触覚が変化することで、視覚や聴覚を含めた知覚体験全体が影響を受けて変化する可能性があり、またそこから引き起こされる情動や記憶の内容、交流の中身も変化することが考えられるからです。

考えを巡らすうちに、オンラインでなくても、もともと精神分析的なセラピーではセラピストの実際の姿がわかりにくくなっており、クロスモーダル現象が生じやすい設定だったことに思い至ります。実像が見えにくいセラピストから提示される限定的な感覚情報によって、他の感覚情報がクロスモーダルに補完されて知覚体験が構成され、その知覚体験がさまざまな記憶や情動を喚び起こしていきます。それらが集まってひとまとまりのかたちをなしたもの、それが〝転移〟とよばれるものなのかもしれないとも思います。

今後のオンライン臨床とオフライン臨床

今回私たちが一時的にせよオンラインの臨床を体験したことは、直接会っておこなうオフラインの臨床について考える際の、これまでには持ち得なかった全く新しい視点をもたらしたと考えています。オンライン臨床を体験することを通してはじめて浮かび上がってきた、オフライン臨床の特徴がありました。

オンラインコミュニケーションに関する技術開発は急速に進んでいくことでしょう。しかし、どれほど臨場感あふれる交流が可能になったとしても、それはオフラインの交流にとって代わるものではなく、両者はそれぞれに別の持ち味があるコミュニケーション手段として、互いに補いあいながら併存していくことになると思います。これらは全く別のものなのです。

たとえばオンラインのやりとりをするとよけいにオフラインで会いたくなる、という経験は多くの人がしていると思います。そうした気持が人々のこころから消えることはないでしょう。

コロナ禍が収束したとき、オンライン臨床で生じていた投影や空想、できごとなどをどのようにしてオフラインのやりとりのなかに回収していくのが最も実りがあるのかということ、つまり、オンライン臨床で起きたこととオフライン臨床で起きることのあいだにどのように橋を架け得るのかということについて、私たちが考え続け議論し続けていくことはとても重要です。

オフライン臨床についての議論とオンライン臨床についての議論をクロス*cross*させて、知見や考察を相互に補完しながら、双方について思考を発展させていければ、と思います。

(1) サポチル (2020)「新型コロナウィルス感染症(COVID-19)下における子どもと家族の心理臨床ガイドライン(第2版)」https://sacp.jp/covid-19-guidline/

(2) 安藤広志・和田充史・坂野雄一・カラン明子・Parham Mokhtari・Juan Liu・西野由利恵・對馬淑亮・Norberto E. Nawa・Daniel Callan・Michal Joachimczak (2018)「5:脳機能の理解と知見応用のための各種アプローチ」情報通信研究機構研究報告 64(1): 39-49.

(3) 河合隆史 (2019)「VR空間におけるクロスモダリティ活用への取り組み」バイオメカニズム学会 43(1): 11-16.

(4) 田中章浩 (2018)「3:クロスモーダルな情動知覚」映像情報メディア学会誌 72(1): 12-16.

(5) Wallwork, E.（2013）Ethical aspects of teletherapy. In. J.S. Scharff (Ed.), *Psychoanalysis Online: Mental Health, Teletherapy and Training*. Routledge, pp.85-94.　妙木浩之監訳（印刷中）「テレセラピーの倫理的側面」『サイコアナリシス・オンライン』岩崎学術出版社

(6) Bakalar, N.L.（2013）Transition from in-person psychotherapy to telephone psychoanalysis. In. J.S. Scharff(Ed.), *Psychoanalysis Online: Mental Health, Teletherapy and Training*. Routledge, pp.103-118. 妙木浩之監訳（印刷中）「直接会ってのサイコセラピーから電話精神分析への移行」『サイコアナリシス・オンライン』岩崎学術出版社

オンラインという leap、あるいは distant psychoanalysis の未来

奥寺 崇

1　はじめに、事後性について

ある時代の歴史的意義は、その時代を生きている者にはわからないことが多いと思います。現在「コロナ禍」と記されている二〇二〇年は、全世界を覆いつくした感染症の時代というよりも、むしろこれまで水面下に蠢いていたものをいくつか浮かび上がらせた年として後世記憶されるのかもしれません。精神分析がもたらした重要な概念のひとつに事後性 *nachträglichkeit*〔独〕、*differed action*〔英〕、*après-coup*〔仏〕があります。(1) 多くの分析家がとりあげてきたこの概念は、興味深いことにそれぞれの言語の持つ力点が微妙に異なるのですが、外傷論の文脈での重要性が指摘されることが多いと思われます。例を挙げましょう。外傷的な環境に育った子どもたちにとって、「外傷的」とみなされるいわゆる逆境は「これが普通なのだ」と受け取られていることが多いのです。比較対象がないからです。家でたたかれている子どもたちは、学校で仲良くしている子どもたちも、遊びに行く相手の家庭でも同じことが起こっていると思っています。そのことによって逆境に耐えているということもできるのかもしれませんけれども、小児期・思春期、なかには成人してから自分の育った環境が外傷的であることを知って、自分の身に起きた悲惨さを知ることによるショックを受けるということがあります。逆境に身を置いて外傷的な体験を積み重ねるときに感じたストレスをそのままに、事実的に体験した後に新たにストレスを経験します。なかでも子どもにとって性にまつわる不適切な体験（性的トラウマ、性的搾取、性的裏切り）については、第二次性徴の発来、性教育、性知識の獲得によって意味づけが変わり、あるいは本来の意味がわかるという点で、衝撃が大きいことはよく知られていますし、フロイト *Freud,S.* が指摘したことでもあります。

この事後的な、かつて経験した事象の意味するところを後になって知るという側面 *differed action*、当初の反応とは異なり「新たな発火」という側面 *après-coup* でとらえることもできますし、本来の意味が浮かび上がってくるという理解 *nachträglichkeit* もできますし、はじめの経験における意味が変質してしまう、という側面もあろうかとも思います。

◇リモート分析

精神分析におけるコロナ禍の歴史的意義について、後世からの事後的な見解を想定すると、重要なテーマが本書でとりあげる、オンラインによる精神分析臨床、いわゆる「リモート分析」ではないかと思われます。この章のタイトルでは distant psychoanalysis としましたが、リモートという言葉は精神分析の世界では馴染みが薄く、リモートコントローラーなどのように至便性を意味するところがあるのに対し、distant という言葉は、事例の概要の紹介などで、親子間の人間関係が疎遠であるときにしばしば見かける表現です。現時点で、また世界中の精神分析家、関連する精神療法家がさまざまな視点から検討しているなかで、あえて「疎遠」というニュアンスを含むdistantという言葉を選んだのは、ひとえにオンラインでの面接に馴染みが乏しい、ということにつきます。関連して、タイトルにあげたleapという単語も辞書的には、ピョンと飛ぶ、飛び跳ねる、跳ぶ、飛び越えるであり、但し書きとして「jumpでは跳躍の『動作』に、leapでは跳躍による『移動』に重点が置かれる」とあります[2]。私たち、特に欧米の同僚にとっては、まさに一夜にして好むと好まざるとにかかわらずオンライン使用を強いられたのです。

◇ leap

タイトルに、漢字、ひらがな、カタカナという日常の日本語にとどまらず、アルファベットが含まれているのは、この話はどこかいろいろな視点が混在している現状を反映しているのかもしれません。

ネット用語のひとつに「オフ会」という言葉があります。これはオンラインでのつながりが基準（デフォールト）になっていて、ラインをオフにする＝対面で会う、という意味です。今の私たちは対面のセッションをin personと表していますけれども、いつの間にか、off lineのセッションをおこなった、と記載するような日が来ないとも限りません。異質な体験は本当にはいつから

◇ 本書p.102「今後のオンライン臨床とオフライン臨床」を参照

始まっているのでしょうか。

2 精神医療におけるオンラインの利用

精神医療においてオンラインというデバイスの利用が開始されたのは、一九九〇年代の米国で当時私が留学していたメニンガー記念病院が軍部と共同で tele-psychiatry という、前線に後方の精神科診療室と同じ診察室を設え、精神科の遠隔診療をおこなうという試みに端を発します。ご存知のように精神分析の発展には軍部からの依頼に答えるかたちでの協力が少なからず関係しています。フロイトの時代の第一次世界大戦におけるシェルショック、戦争神経症（現在の急性ストレス障害に該当します）の患者への治療の要請はフェレンツィ *Ferenczi, S.*、フェアバーン *Fairbairn, W.R.D.* が戦争神経症に関する一連の論文を著し、ビオン *Bion, W.R.* が基底的想定グループの着想を得たのも同様の機会によります。[3・4・5] もうひとつ、この tele-psychiatry について事後的に興味深いのは、危険と隣り合わせの前線の患者に「同じ設え」の診察室を通して後方の「安全」な空間を供与するという側面にあるようにも思われます。

◇ tele-psychiatry

◇ 設え

3 精神分析とオンライン

この度のいわゆるコロナ禍において、オンラインによる心の扱いについて直接的に考える前に手掛かりになりそうな五つの観点をとりあげます。次のような五点です。

①セミナー、スーパーヴィジョン（個人、グループ）におけるオンライン利用（画像有りなし）の違いについて
②これまでのオンラインでの面接経験
③マスクという新たな対象
④技法上の「再構成」と「今ここで」におけるオンラインの影響に関するPsychoanalytically oriented psychiatry と Psychoanalytic Psychotherapy (=Long term psychodynamic Psychotherapy) の違い
⑤退行の起こり方と取り扱いをめぐって

①セミナー、スーパーヴィジョンにおけるオンライン利用

頼まれて主宰している講読セミナーについて、たまたま今年度から遠隔地の参加者を受

け入れることを計画していました。これは準備の段階でコロナ禍を予測していたということではなく、かつて訓練を受けた精神分析インスティチュートでは、私がセミナーの参加を始めたときから遠隔地の候補生にオンライン参加を認めるようになり、これは二十年前のことですので、講読セミナーでは数名が車座に座る真ん中の机にマイクスピーカーが置かれ、その参加者は映像抜きで応答し、折を見てはるばるロンドンまで上京するということになっていました。こういった経験を下敷きにして、私自身いずれは遠隔地の参加者を受け入れたい、という目論見があったのです。私の講読セミナーに関しては、試験的に一、二名に限り遠隔地の参加者を募集する予定でしたが、現実には、それぞれの方の事情により数名の方がオンラインでセミナーに参加しています。実施してみての感想は、これはひとえに参加者の積極性によるところが大きく、対面の参加者がオンラインの参加者にどれくらい配慮するかにも負うところが大きいということ、その際画像があることは有利にはたらく、ということです。あとで述べるように面接の場合、特にカウチ使用の場合には画像の取り扱いは一概に有利、とは限らないところに違いがあります。グループスーパーヴィジョンについても現時点ではおおむね同様の印象をもっています。グループワークによるオンライン併用の症例検討は未経験なまま、今回のコロナ禍に突入したのですが、講読セミナーと同様に発言のない参加者にフォーカスするというグループワークの基本については似たところはあると考えています。

個人スーパーヴィジョンについては私自身がスーパーヴァイジーとして、オンラインでの経験があります。遠隔地に在住する三名のスーパーヴァイザー（彼らから見れば私が遠隔地にとどまっている）から計七年以上に及びました。はじめの経験は二十年近く前のことですので、電子メールで記録を送り、直接のやりとりは電話でおこなわれました。その後の経験は予めセッションの逐語録をメールで送るのは同様ですが、インターネット回線を通して画像つきでおこなわれ、三人目の方はオンラインの指導に造詣の深い方で、事前に送付したセッションの逐語録を読み込んでいて、セッション中の読み上げの時間を省き、逐語録をスーパーヴァイザーの使用言語（英語）に訳していたため、ニュアンスに関する疑問点については事前に問い合わせがあるといった配慮がありました。

②これまでのオンラインによる面接経験

最初の経験は、転移抵抗により来院が滞ったケースについて、それには外的な事情も含まれもしたのですが、当時のスーパーヴァイザー（二人目のオンラインスーパーヴァイザー）が治療者から電話をかけて交流を続けるように、と指導があったことでした。この方はほどなくして対面のセッションに復帰しましたが、これが初めての経験でした。ただしこれは、行動化により来院しない患者に一律電話でセッションをする、ということではなくあくまでそれまでの長い治療経過における文脈のなかでの指導であったことを強調しておきたいと思います。

二〇一一年の東日本大震災の折に、交通機関の障害、計画停電といった事情から、オンラインの使用を余儀なくされた方々のなかで、カウチを使っていた（背面法）という理由もあり、画像つきオンラインで「対面する」ということには抵抗を覚えるために電話でのセッションを選択した方がいました。

◇背面法

他にも、治療中に精神科・身体科のそれぞれに入院し、入院先の組織／主治医の了承を得たうえで、通院中の方が入院した場合、また男性を含めて周産期の患者にも継続性の観点から、個々の事情に合わせて動画つきオンライン、電話を使い分けてきました。同様に患者が一時的に遠方に滞在するにも、あるいは継続的に遠隔地に滞在する場合でも、言語あるいは当地における治療資源に問題がある場合にはオンラインによる面接の継続をおこなうことがありました。

③マスクという新たな対象

〝たとえて言うなら、人はみなマスク（仮面）をつけている〟、これはある映画のセリフ

◇マスク

ですが、マスクを象徴的に捉えると、英語表現ではin personつまり、面接室内での対面が可能であることは、コロナ禍の現在では世界的にみて不幸中の幸いと思われる一方で、私たちのほとんどがマスク着用での面接を余儀なくされているのではないでしょうか。私は、緊急事態宣言施行中に限って、さらにメガネフレームの形をした花粉症用のゴーグルをかけていましたが、約一ヵ月のあいだそれに慣れることはありませんでした。しかし、気がつくとマスク着用の面接はすっかり定着しているように思われます。先のセリフのもととなった映画はその名も"The Mask"(1994)というコミックの原作をもつコメディ作品ですが、仮面をつけることによる劣等感の排除と万能感の獲得が戯画化されています。

私たちの作業は本来マスクを着用していなくてもマスクを取ることにあることと、この、「濃厚接触」を避けるべくマスクを着けるという現実の乖離について、治療者患者のいずれもがどれほどのストレス、困難を抱えているのでしょうか。皮肉なことに、マスクに抵抗を覚える場合には、オンラインへの移行というleapがあり、思い切ってマスクを外すと「私もあなた」のいずれもが感染する、されるの不安を共有しつつも「感染させるか、させられるか」という罪悪感と迫害的な恐怖が織りなす心境に陥りがちになります。そして、その影響は今後どの時点で「事後的に」私たちの前に姿を現すのでしょうか。

◇本書p.62「コロナ禍の日本で生活するわたしたち」、p.139「コロナと防衛」を参照

◇罪悪感と迫害的な恐怖

④オンラインと「今ここで」

これまで私は古典的な、フォーミュレーションからの再構成という治療のフレームに頼る場合と「今ここで」に焦点を置く場合ではオンラインの使用による影響が異なる、という印象を抱いていました。経験的にも、オンラインになるとそれまで後者の色彩が強い関係性が前者に傾くことは避けられないと考えていました。ですが、この問いくつかのセミナー、カンファレンスに参加した折、欧米の同僚の意見を聞いていますと、彼らの多くが、投影同一化は電話でもオンラインでも起きるし取り扱うことができる、と主張します。初めのうちはこれは彼らの合理化なのではないか、とやや懐疑的な面持ちで話を聞いていましたが、どうもそればかりではないようで、あるひとつの見解に至りました。次に述べます。

◇フォーミュレーションからの再構成
◇「今ここで」に焦点を置く
◇投影同一化

⑤退行の起こり方と取り扱い

オンライン以前から病態の重い患者の精神分析、精神分析的精神療法を続けていて、ある一時期になると「往診願望」[†1]というべき現象を経験する、という印象をもっていました。先の初めてのオンラインの経験例でもそうなのかもしれません。往診願望については治療者の都合（そこには患者の都合も採り入れられはしますが）で時間が決まり、治療者のもとに赴くという私たちからすれば自明の設定が、治療者への転移、陰性感情の一環として、「い

◇往診願望
◇陰性感情

◇治療上の退行
◇部分転移

つも私ばかり（合わせなければならない）」という養育上の逆境に重なることで醸し出されたものなのだろうと考えます。私は臨床家として英国独立学派の影響を受けているので、バリント *Balint,M.* 以来のウィニコット *Winnicott,D.W.* らによる、治療上の退行とその意義を重要視するところがあり、それはクライン派のように治療早期から部分転移を積極的にとりあげる理論・技法とは異なります。[6・7] 治療プロセス上の退行の一環としての往診、とオンラインによる患者にとってのプライベートな空間に治療者が現れるという現象には重なりがあり、再三述べているような相違もあるために取り扱いが難しい、と治療者である私が考えてしまっているのかもしれません。この点については今後の議論に期待するところでもありますが、先にとりあげたtele-psychiatryにおいて前線に後方の診察室と同じ診察室を設える、という理念には退行を容易にする、という意図が見えるようにも思われますし、オンラインの向こうとこちらでは話をする環境を揃えることができない、というのはオンライン面接では避けられないように思います。かといって、患者が治療者のコンサルティングルームに似た環境を設えるとすれば、それはもはや幻想の具現化ということもできるでしょう。

4　オンライン面接の実際から

家族が在宅している際に家庭内の問題、親子・夫婦の関係性にまつわるストレスについて語ることは、非常な困難を伴います。先の論点に照らし合わすなら、退行できない、ということでもありましょう。家庭内の個室で話すことは、声が漏れるのではないかという不安を掻き立てますし、外部に部屋を確保するという選択は感染リスクという点でも、馴染みのない場所でコンフィデンシャルな話をするという点でも心理的負荷を伴います。

　オンラインでは、二次元の奥行のない平面であるものの、日常のプライバシー空間に他者（治療者）が登場します。ある意味便利です。時間を合わせればスイッチひとつで自分の個の領域に治療者が来てくれるのですから。そのさまは一見、テレビ、ネット配信の動画視聴と似ているようで、そこに応答性が伴われると事態は一変します。つまり、「視聴している」というどこかお気楽な立場（これはオンラインのセミナー、学術集会についても言えましょう）から、「視聴されている」という一八〇度反対の立場に立たされもするからです。

◇オンラインの応答性（双方向性）

これを一言で「応答性（双方向性）」と言っているのですが、オンラインの応答性とは、画面に登場する画面上の人物が主体（この場合は患者）の様子を知覚したうえでの言動をおこない続けます。治療のプロセスにおけるさまざまな転移逆転移のなかで、見られるという精神病的な不安を惹起することも起こり得るでしょう。

また、治療者の沈黙は、オンラインが技術的な事情で切断しているという不安を、患者の側に、時には治療者の側にも起こすことがありました。その一方で、このような脆弱性に加えて、クリックするとあっという間に去ってしまうという、余韻のない分離の体験は、未消化な人生早期の分離体験を刺激することがあるでしょう。

十年以上前にウェブ会議ツールを使ってスーパーヴィジョンを受け始めた頃は、通信環境に問題があり、しばしば通信状態にノイズが入り、時には断線するという事態にも見舞われ、急遽バックアップの電話を使って継続するという経験もありました。言葉の問題（いずれのオンラインスーパーヴィジョンも英語でおこなわれていました）もあったと思いますが、思うところがうまく伝わらず私が感情的になった途端に断線するという経験は、スーパーヴィジョンでは笑い話で済まされるでしょうが、治療面接の場合でどうなのでしょうか。

陽性転移を起こしている患者からの誘惑的な発言がヘッドセットを介して頭の真ん中に響いたときに、その影響は増強されました。陽性転移に限らず、人の発言が頭に響くという経験は、修辞的な表現を除けば普段はまず耳にすることはありません。その一方で、その発言がどれほど誘惑的であっても、あるいは攻撃的であっても、空間的には私たちは絶対的に守られています。したがって、行動化のリスクについては、特殊なパラドックスを

◇精神病的な不安

◇余韻のない分離の体験

◇早期の分離体験
本書p.210「不在の部屋と身体」を参照

◇陽性転移

経験することになります。つまり、面接室、治療者は行動化のリスクから守られる反面、私たちは自傷などの衝動的・危機的状況への介入の手段を持っていません（ただし、境界侵犯[†2]について、起こりえない、と言い切ってしまっていいのだろうか、とも考えます）。安全であるものの、なす術もない、ということです。私は医師ですので、当直勤務の際にこのような危機的状況にある症例への対応の経験がありましたし、心理職でも電話相談では同様の経験をお持ちの方もいらっしゃるでしょうが、それらは、病院のように地域との連携の基盤を持つ組織における経験ですので、個人でおこなっている相談面接業務における困難とは異なるものです。

　これらのいずれもが、対面における親密さとは異なる側面を際立たせる経験となっていきます。

　ある人物のオンライン体験を例示します。Xさんの憂鬱、その喪失と修復をめぐって、とします。専門職のXさんは、中年期になり精神分析治療を受け始めました。分析治療の終了前に長期にわたり出身地に帰国する必要に迫られ、電話によるコンサルテーションを経て対面のセッションに復帰し、そこで治療を終結しました。その間、Xさんは自宅ではなく、彼の職場内にコンフィデンシャリティの保たれる個室を確保し、その部屋のベッドに横になり仰向けになって受話器を介して擬似的に背面法によるやりとりを続けました。しばしば彼は、分析家との邂逅について、彼の出身地から陸路による来訪を想像していました。並行してXさんは、彼の専門性に関する、国際電話を用いた指導関係を継続されました。

この経験をXさんの立場になって想像すると、なじみのある分析室、その界隈、セッション前後の過ごし方、時には近くのベンチに腰掛け、職場に向かう道すがら、あるいは職場からセッションに向かう道すがら物思いにふけるという豊饒な体験の喪失、なによりも、カウチに横になる前に、部屋をあとにするほんのわずかな時間に、分析家と顔を合わせるという「会う」機会の喪失は、何物にも代えがたいものではないでしょうか。対面のセッションの喪失は、時にはメランコリーのリスクを伴います。

◇メランコリー

一方で、時間になり、パソコンの画面をクリックすると直ぐに「会える」という便利さは、先に述べたスーパーヴィジョン体験のような場面では有用であると言えます。世界中どの指導者からも指導を受けることが可能だからです。コロナ禍で今夏開かれた米国精神分析学会は、会場を使わずすべてオンラインで開催されました。つまり、日本にいたままでも参加できたわけです。

と同時に、大勢の「人が集まる」、直に顔を合わす機会は、一時的ではあれ失われました。

オンラインでの開催によるコンフィデンシャリティの問題があるとはいえ、全面的に変更された学会のプログラムに「初めての参加者」つまり初学者とも言える参加者へのプログラムがあったことは注目に値します。

5　出会いのデジタル化・オンライン化

ここから少し、私自身の話になります。一九九〇年代に最初の留学を準備するようになった頃、通信手段は手紙、ファックスあるいは国際電話を用いていました。四半世紀のあいだに、連絡手段も手紙、ファックス、電子メール、ウェブ会議システムへと変わってきました。

先にオンラインによるスーパーヴィジョン受講体験について触れましたが、私の場合は先立って、それぞれのスーパーヴァイザーと会って話をした経験があり、お三方のいずれもが精神分析的な聴き方[†3] *psychoanalytic listening* に造詣が深く、精神分析家は皆そうだとも言えますが、聞き方に関する論文があるという共通項があります。スーパーヴィジョンをお願いする際にそのことが意識されていたわけではありませんけれども、振り返ってみると偶然ではないように思います。したがって、オンラインによるスーパーヴィジョン体験が

◇精神分析的な聴き方

「可能である」と言いきってしまっていいのだろうか、という問いも残ります。したがって、オンライン化＝デジタル化と言っていいとは限りませんし、オンライン化するにあたっては、対面におけるアナログ的つながりがオンラインに伴ういくつかの困難、複雑化を支えているということは強調したいと思います。ただ、最初の節に書いたように、オンラインで治療を始め、終えていくといったことが、コロナ禍に関係なく起こってくるようなら事態は変わってくるようにも思われます。

◇本書p.97～「オンライン臨床におけるクロスモーダル体験」、p.76「再考：オンライン面接」を参照

6　プロセスのデジタル化へのfurther thoughts

精神分析における人と人との出会いのプロセスについて、そこで営まれる「質」についてどのように捉えることができるか、に関して考えを深めるべく、治療者の適性と、分析治療を受ける側の分析可能性という双方の要件を手がかりとします。手がかり、という言葉を用いるのは本章において二度目であり、それほど、このテーマについて考えることは簡単ではないように思います。一つ一つの手掛かり、足掛かりを探し、慎重にテーマに迫ると言えばいいでしょうか。

治療者の適性について、英国の小児科医、精神分析家であるウィニコットは以下のよう

に述べています。(8) 彼は精神分析の児童精神医学への応用について、治療法の基本原則は、精神分析であり、精神分析ではない（児童精神科における）治療のための訓練は精神分析の訓練であるとしています。ここで重要なことは、彼の趣旨が精神分析の訓練の最も重要な部分は候補生の選抜にある、と力説している点にあります。ウィニコットは、児童の精神科治療コンサルテーションをおこなう専門家の適性について、同書の序文で次のように述べます。

その人固有の同一性を失わずに患者に同一化する能力を確実に持っていること、また、患者の葛藤を受け入れる*contain*能力を持っていること、言いかえると、不安にかられて問題の解消を外に求める代わりに、患者の葛藤を受け入れて患者の中でそれらの葛藤が解決されるのを待ってあげられる能力を持っていること、さらに患者の挑発に乗って仕返しをする傾向のないことなどです。

◇分析可能性と専門家の適性

◇本書p.20「精神分析的治療の起承転結」を参照

精神分析家の適性、あるいは精神分析療法を受ける方々の分析可能性については、言語の象徴的使用、内省的な思考への志向という要素が指摘されることが多いのですが、ここでは、同一化の能力、ということが強調されています。

『甘えの構造』で有名な土居健郎は、同一化の日本語訳として「馴染む」ということが

◇甘えの構造
◇馴染む

当てはまると述べています。[9] 馴染む、ということばには、辞書的には次のような意味があります。[10]

1　人になれて親しくなる。また、物事や場所になれて親しみをもつ。「都会の生活に～む」「土地の言葉に～む」

2　味わいや調子などが一つに溶けあう。ほどよく調和する。

土居は、アイデンティティの日本語訳として、「自分」を、同様にアイデンティフィケーションについて、「馴染む」であるとし、フロイトの『集団心理学と自我分析』から〝アイデンティフィケーションは感情的結びつきの最初の現れである〟と引用しています。[11] 土居の考えは、馴染む、馴付くについて〝これらの語は、対象に馴れ親しみ、その結果として対象と一体になってその影響を受けることを意味している〔中略〕そしてこのような状態にあるときその当人の経験する感情がまさに「甘え」に他ならないと考えることができる〟へと至ります。

プロセスのデジタル化というテーマは、出会いのモーメントにはじまり、相互的に起きる、同一化（錯覚）と引き続く脱錯覚という転移／逆転移の無意識の関係性がもたらす変形 *transformation* のプロセスがつつがなく起きるのだろうか、という問いを投げかけると考えられます。その際、オンラインという手段によって holding/contain の不全が起きる可能性

◇変形 transformation

◇holding/contain

を意識する、ということでもあるでしょう。そこで重要となる退行については既に記したとおりです。

まとめますと、このようなプロセスを支える、私は同一化という機能、退行という現象に注目しましたけれども、

①これら諸機能が不十分になりうるリスクを乗り越える能力が治療者、患者の双方に求められるのでしょうし、

◇エナクトメントと目的化

②その際の「能力」、同一化の不全を修復することがエナクトメントに陥る、つまり目的化することなく、あるいは新たに修復困難な傷を残すことがないかどうかのアセスメント（従来の精神分析可能性 *psychoanalyzability*[†4] の吟味に加えて）が求められると考えられ、

③オンライン、という事象に対応して柔軟にこれら「不全」に対応する

という多くの労力が加わるのは、おそらく今日シンポジウムにご参加の皆様がオンラインでの面接を実施した際の経験として著しい疲労感を経験したであろうことにつながると考えます。

それは、脳科学的な視覚刺激の過剰に依るだけではないでしょう。病態によっては電話、あるいは視覚情報を止めてのやりとり、ステレオ効果により外部からの聴覚刺激があたかも内部からの音のように聞こえるヘッドセットを避ける、などの配慮も必要になると思います。

7　万能感、同一化、退行に隠された脆弱性

ここまでをまとめると、オンラインに伴う、万能感と主に同一化の機制、退行に隠された脆弱性がパーソナリティ形成、あるいは治療プロセスの進展にどのような影響を及ぼすか、ということになります。

私たちがオンラインでの精神分析的な臨床の継続を余儀なくされるならば、この、オンライン内外のサポートについて考えることは重要でしょう。Xさんの場合は、オンラインでのコンサルテーションによる分析的プロセスの継続にあたって、彼の専門性に関する指導・研究関係が並行して継続されたことは、大きな役割を果たしていると思われます。またそこには、彼の赴任先における深い友情関係が果たした役割も意義も想像に難くありません。

オンライン内外におけるサポートのヒントとして、コルタート *Coltart,N.* が低頻度（週一、二回）のセッションにおいて重要となると指摘した治療者の積極性、あるいはコンサルテーション（オンデマンドを含む）、マネジメントにあるのではないかと考えます。[12]

◇治療者の積極性
◇マネジメント

精神分析の歴史を紐解くと、独立学派、関係学派、間主観性、もしかすればラカン派の発展にも、このコンテクスト、出会いとその後に続くプロセスのデジタル化の問題は影響

しているかもしれず、そうすればオンライン化が孕むデジタル化の問題はいつから始まっているのか、という問いが投げかけられているようにも思われます。さまざまな問題は今に始まったものではない、かもしれない、ということです。

8 これからに向けて

振り返りますと、昭和の時代には、テレビが家庭に普及することへの危惧がありましたし、大学生がマンガを読む、一億総白痴といった新聞報道など、かつては社会のデジタル化（あるいはオンライン化）による、同一化の基盤をなす愛着形成への影響がパーソナリティの成熟に影響を及ぼすのではないか、という議論は広く一般におこなわれていたように思います。

◇発達への影響

現在の青年期へのデジタル化の影響について「デジタルネイティブ」という表現がありますが、馴染むという関係性の発達への影響は、人ごとと捉えることなく、電子（電気）機器によって私たちの世代から既にマスクされているのではないか、ということを振り返ることから始める必要があるのかもしれません。それは直線的にphysicalまたはmental distancingというのではなく、はじめに「オフ会」の例を示したように、基準そのものが変わってしまう、というねじれが起こっていくのかもしれません。その点で、米国精神分析学会（これは日本の精神分析学会とは異なり、精神分析家による学術・研修組織です）のプログラムに初心者（初学者）のための演目が組み込まれていたことは、改めて注目すべきでしょう。　私のようにこの領域に二、三十年身を置いている者にとっての「コロナ禍」と、初心者にとってのものでは、経験の意味が変わってくるのではないかということです。

◇「密です」というしつけ

同様に、その私たち、あるいはさらに次世代によって、ポストコロナの状況下で「密です」としつけられた初学者ならぬ子どもたちは、パーソナリティ形成において重要な位置を占める親密さを、どのように体験するのでしょうか。再三とりあげた一種のパラドクス、すなわち対面ではマスク／うつしてしまうか、うつされるかという葛藤から自由な状況がオンラインという彼方／便利さにある、自身のプライヴェート環境という至便性と退行の困難（見られたくないことを知られるのではないか）、といったことがらが基準となる精神療法が、特にこれから人生を育む世代、研鑽を積んでゆく世代に影響があるのではないか、そのことについて今ここで考えていこうということなのです。

9　おわりに

◇post-traumatic growth

冒頭に記したように、私の意図するところは、私たちがコロナ禍という全世界レベルの厄災に身を置くなかで、何が起きているかについて考えることです。外傷論には、post-traumatic growthという概念があります。これは、トラウマの経験によるトラウマ思考（被害にあったのは自分に責任があるのではないか、そもそも自分が悪いのではないか、が高じる歪みの生じた思考）に陥ることなく、それを抜け出すために考えざるを得ない状況から産みだされる成長を意味します。現在の私たちはまだ、mid-traumaticとでもいうべき状況の真っ只中にいると思われます。例えるなら、海面の水位が下がることで、それまでは目につかなかった海底の隆起が際立つ、あるいは海洋汚染の現実が明らかとなるということかもしれませんし、そこには新たな希望を見出すこともあるかもしれません。

今の時点で確かなことは、全世界的に人と人との密なつながりに一時的ではあっても分断が起き、時系列上のひび割れが入ったということです。それが成長途上の人々、脆弱性を抱えている人々にとってどのような心的影響（後遺症）が残されるか、ということです。今の段階では、私たち皆でその行方をじっと見つめていく必要があると考えます。

最後に、希望について一言述べます。それは、オンラインによって人と人とのつながりが復活する（はじまる）ことがある、ということです。きわめて個人的な経験ですが、つい先日、海外のオンラインのカンファレンスに参加した際、かつての研修仲間が参加（発表）していることに気がつきました。早速、個人宛のチャット機能を介して知ったメールアドレスを使ってメールの交換をしたのですが、これは「思いもよらない」ことでした。さらに今後は、オンラインから生まれる「出会い」というものが重要となるかもしれません。そのためにも、だからこそ、さまざまな意味で受信（参加）することに積極的でありたいと思いますし、自分からの発信も続けていきたいと考えます。

※本論は、二〇二〇年八月十日に開催された現代精神分析研究会主催のオンラインシンポジウム「コロナと精神分析的臨床——距離、オンライン、会うこと」における同タイトルの発表に加筆、修正を加えたものです。機会を与えていただいた北山修先生・荻本快先生にこの場を借りて感謝致します。

†1　往診願望：専門用語として用いている文献はないが、退行の一環で治療者のもとへ赴くことではなく、治療者に自分のところに来て欲しいという無意識的願望が現れることが経験される。広義には時間外の接触などもこれに類すると考えられる。

†2　境界侵犯：狭義には治療者と患者が治療目的以外に個人的な関係（交際など）をもつことであり、広義には治療の中においてであっても治療者が何らかの心理的搾取をおこなうことを含む。

†3　精神分析的聴き方：沈黙も含め、患者の発言した内容とその意図について無意識的意味と転移の文脈からの無意識の動きに注目する一連の論考で強調されている。代表的な著者にパーソンズ Persons、シュワーバー Schwaber、ボラス Bollas などがいる。

†4　精神分析可能性：心的内省力、治療動機、適切な主観的反応、自我の強さ、かたくなな防衛のなさなどが指標として挙げられており、精神分析療法により人格の構造的変化を獲得する可能性を指す。[13]

(1)　Laplanche, J. & Pontalis, J.-B. (1973) *The Language of Psychoanalysis.* The Hogarth Press.　村上仁監訳 (1977)『精神分析用語辞典』みすず書房 pp.186-189
(2)　小島義郎・岸暁・増田秀夫・高野嘉明編 (2004)『英語語義語源辞典』三省堂
(3)　森茂起 (2018)『フェレンツィの時代——精神分析を駆け抜けた生涯』人文書院
(4)　Fairbairn, W.R.D. (1952) *Psychoanalytic Studies of the Personality.* Routledge.　山口泰司訳 (2005)『人格の精神分析学的研究』文化書房博文社
(5)　Bion, W.R. (1961) *Experiences in Groups and Other Papers.* Routledge.

(6) Balint, M. (1968) *The Basic Fault: Therapeutic Aspects of Regression*. Routledge.　中井久夫訳 (1978)『治療論から見た退行　基底欠損の精神分析』金剛出版

(7) Winnicott, D.W. (1954) Metapsychological and clinical aspects of regression within the psycho-analytical set-up, In *Through Paediatrics to Psychoanalysis*. Collected Papers.　北山修監訳 (2005)「精神分析的設定内での退行のメタサイコロジカルで臨床的な側面」『小児医学から精神分析へ――ウィニコット臨床論文集』岩崎学術出版社 pp.335-357

(8) Winnicott, D.W. (1971) *Therapeutic Consultations in Child Psychiatry*. The Hogarth Press.　橋本雅雄・大谷泰士訳 (2011)『子どもの治療相談面接』岩崎学術出版社

(9) 土居健郎 (2007)「アイデンティフィケーションについて」『フロイト全集』月報5、岩波書店

(10) 『デジタル大辞泉』小学館

(11) Freud, S. (1921) Group psychology and the analysis of the ego.　藤野寛訳 (2006)「集団心理学と自我分析」『フロイト全集 17』岩波書店

(12) Coltart, N. (1993) *Psychoanalysis vs Psychotherapy? How to Survive as a Psychotherapist*. Sheldon Press.　館直彦監訳 (2007)『精神分析 vs 精神療法?――精神療法家として生き残ること』岩崎学術出版社

(13) 西園昌久 (2002)「精神分析可能性」『精神分析事典』岩崎学術出版社 p.284

コロナ禍における日常生活と心理臨床の経験に関する私的考察
身体科医の治療態度から学ぶ

岡田暁宜

コロナ体験を語るにあたって

二〇一九年十二月に確認された新型コロナウイルス感染症（以下、コロナ）は、二〇二〇年に入り世界を席巻しています。禍（わざわい）という言葉と結合した「コロナ禍」という言葉は、日本では広く浸透しているでしょう。本書の表題にある精神分析的臨床に限らず、広い意味での心理臨床にさまざまな影響を与えているように思います。

コロナ禍における心理臨床の経験は、臨床実践の種類、地域、時期、立場・役割、さらに治療者や患者などの個人的な要因が大きいように思います。精神分析的臨床では、現象や行動の後にその意味が生まれることや最初の意味が後になって変わることを意味する事後性*deferred action*という力動が論じられますが、コロナ禍における心理臨床の経験の意味も、今後の経過のなかで変わってゆくかもしれません。本稿は、コロナの第一波〔四～五月〕と第二波〔七～八月〕を経て、ＧｏＴｏトラベル〔七月下旬から〕に代表される一連のＧｏＴｏキャンペーンのなかで、これから本格化する冬季に向けて、第三波の到来の声が上がっている十一月中旬における私の経験に基づく私的な考察です。

私が活動している地域は、二月にダイヤモンド・プリンセス号のコロナ陽性者を受け入れた愛知県であり、第二波の際、県には独自に緊急事態が宣言されました〔八月六日～二十四日〕。自動車文化のある愛知県では、通勤や通院に公共交通機関よりも自動車を用いる傾向があります。ふり返れば、コロナ禍において私が最も影響を受けたのは、心理臨床よりも日常生活であるように思います。二月以降、私は自宅と職場のあいだを移動するだけで、公共交通機関に乗ることはほとんどなくなり、宿泊を伴う出張は一度もしていません。精神分析との関わりで、週末に他の地域に移動するというコロナ前の生活はなくなり、自宅と職場に限定された軟禁状態のような生活を送っています。

以上のような私の地域と生活において、現在、私が携わっている心理臨床は、主に学生相談を含むキャンパスメンタルヘルス、精神科一般外来、精神分析や精神分析的精神療法などの精神分析的治療の三つです。そのうちコロナの影響を最も受けたのは、キャンパスメンタルヘルスであると思います。

コロナ禍におけるキャンパスメンタルヘルスの実践

キャンパスメンタルヘルスの実践については、二〇二〇年前半の経験とその後の「ウィズコロナ」における経験に関しては、既に報告する機会を得ています(1・2)。その概要を紹介しますと、四月に緊急事態が宣言された直後から、大学の方針でキャンパスから学生はいなくなり、対面による心理相談ができなくなったので、準備した後、五月からオンラインによる心理相談を初めて導入しました。しかし結果的に、その多くは、対面による心理相談を再開するまでの約一ヵ月に限られたものでした。個人的には、新たな試みとしてオンラインによる心理相談を続けてもよいと考えていましたが、今まで対面で心理相談を受けていた学生は、オンラインよりも対面による心理相談の再開を選びました。

そもそも青年期の心の成長には、「3密」(濃密・親密・秘密)が重要だと思います。私はこれを青年期の「3密」と呼びたいと思います。私の実感としては、キャンパスメンタルヘルスにおけるオンラインによる心理相談の意義は、つながりの断絶を補う代替的な方法であり、あくまで移行的実践でした。なかには、引きこもっていた学生にとっては、オンライン授業となり、単位を取得しやすいということもありました。これは「コロナ利得」といえるかもしれません。

また、感染症の判定をめぐるPCR検査が陽性か陰性かという価値基準は、白か黒か、是か非か、さらに良か悪か、という二分化された世界観や価値観をもたらし、コロナ陽性者を忌避し強迫的に排除する心性を、個人や集団のレベルで活性化させました。「ウィズコロナ」においては、「STAY HOME」などの感染拡大防止に伴う行動抑制と「GoTo」などの正常化に向けた行動促進という相反する考えや価値観が、個人や集団のなかで対立します。

たとえ学生の大学への入校をいくら制限しても、大学外での行動を制御することはできません。大学の講義については、講義室の中で感染拡大防止のために3密（密集・密接・密閉）をいくら回避しても、大学までの公共交通機関を含む講義室の外では3密であるというような矛盾は、個人や集団においてしばしば観察されます。安全配慮義務を有する管理責任者であっても、責任のあることや可能なことを強迫的に管理していますが、「頭隠して尻隠さず」で、全体としてみると感染防止対策に疑問を抱かせるさまざまな現実にしばしば直面します。感染防止をめぐる考えと行動には、スプリットしている面があるように思います。

コロナ禍における精神科一般外来の実践

私が実践している精神科一般外来の実践では、電子カルテではない対面の設定であることもあり、私には日頃からマスクを着用する習慣はありませんでした。しかし、コロナ禍において限られた時間に複数の患者との面接をおこなう一般外来の設定では、感染に対する患者側の不安を軽減するために、三月中旬からマスクを着用するようにしました。四月に入ってからは施設の方針で出勤時に体温測定が義務づけられ、面接室や受付にはアクリル板が設置されました。ただ私には、アクリル板を介した面接が留置所や拘置所での面会のように思えて、現在でもアクリル板を外して面接をおこなっています。

私の外来では、緊急事態が宣言された後から、電話再診のみで処方を希望する患者は僅かにいますが、ほとんどの患者は、マスクを着用して、今までと変わらず通院を続けています。患者にとって外来通院は、決して不要な外出ではないでしょう。ただ、三月以降の新患については「初診から互いに一度もマスクを外していない」という不思議な関係が、今も続いています。精神科一般外来で、互いに自然にマスクを外して面接できる時が来たら、コロナ禍の終わりを感じられるのではないかと私は思います。

コロナ禍における精神分析的治療の実践

精神分析や精神分析的精神療法などの精神分析治療においては、緊急事態が宣言された後も、対面の場合にはマスクを着用して、カウチの場合にはマスクを着用せずに、面接を続けています。それはある意味で、不自然なまでに自然な流れでした。なかには、医療関係や遠方からの症例では一時的に、対面による設定からオンラインの設定に切り替えたことはありましたが、その理由は、主に職業人としてコロナに伴う職場の行動指針に従う患者側の申し出によるものでした。私の経験では、精神分析的治療よりも、スーパーヴィジョンのほうが、緊急事態が宣言されている期間には、医療関係者としての行動指針に基づいて一時的に中断やオンラインに切り替える傾向がありました。

以上のように、コロナ禍における心理臨床の経験をふり返ると、私はコロナによって自分の心理臨床がそれほど深刻な影響を受けたようには感じていません。そこには、否認やスプリッティングなどの防衛が作動しているのかもしれません。当初、このような私の経験が全体のなかでどのような位置にあるのかわかりませんでしたが、さまざまなオンライン企画を通じて、心理臨床の専門家らの経験に触れると、コロナ禍における心理臨床の実態は一様ではないことがわかってきました。少なくとも、私の経験と海外の状況にはかなりのギャップがあるように思います。

次に、コロナ禍における私の心理臨床の経験に対する私的な考察を述べたいと思います。

コロナと防衛

今日、感染症の専門家が推奨している個人レベルでの感染防止対策は、医療関係者にとっては日常的なことであると思います。心理臨床における談話療法では「話すこと」が中心であり、飛沫感染の可能性は常にありますが、身体科医のように治療者が患者の身体や排泄物などに直接接触することはないので、面接環境のマネジメントを含む個人レベルでの感染防止対策が適切におこなわれていれば、身体科医に比してコロナに感染する可能性は確率的に低いように思います。

しかし、実際には、感染の危険の管理は可能でも、生物学的現象である感染そのものを完全に支配することは不可能ですので、感染の危険は常に存在します。コロナ禍において私には、現実に直面している感染の危険に対処する必要があり、一方で、公人として政府や職場の方針に従わなければならず、同時に、自分のなかのさまざまな欲求や不安を制御する必要がありました。また私は、コロナに対する個人的な見解や感情を患者に感染させないように努める必要もありました。このような葛藤状況のなかで、私は抑圧やスプリティング *splitting* などの防衛を日常的に発動させていたように思います。

私にとっては、外出や移動の自粛を要請される日常生活や公人として自由な言動を規制される就労生活のような不自由な空間に比べて、精神分析的治療の場は、自分の自由な心を保つことができる貴重な空間でしたし、コロナ以前の生活を失わないためにも大切な時間でした。それはおそらく患者においても同じであり、患者にとって精神分析的治療は、不可欠な時間や空間であるように思います。緊急事態宣言下においても、個人レベルでの感染防止対策のうえで、不自然なまでに自然に面接が続いていたことは、治療関係自体が面接の時間を失うことを防衛していたように思います。

従来から、マスク着用の力動として、感染症を相手からうつされることや相手にうつすことをめぐる、被害と加害に対する防衛の表れであるということはしばしば論じられます。コロナ以前から心理的な理由でマスクを着用している症例では、コロナ禍においては、マスクをめぐる本来の力動がすっかりマスクされています。

いずれにしても、治療者と患者の双方において、コロナの被害者と加害者になる可能性は常に存在します。実際に、コロナに関連したさまざまな現実状況のなかで患者のなかの原初的な心性が表出されることもありました。経験的に原初的な心性を有する患者ほど、その傾向は強いように思いますが、それらは基本的に、それまでの治療関係に基づく治療過程の一部であり、あくまでコロナ禍において喚起された内的なものとして理解しています。私の心のなかだけではなく、私と患者は「治療空間における感染の危険をスプリットして、治療空間の外に換気する」という共同作業をしているのかもしれません。これは、心を扱う治療空間を保つための治療関係における防衛といえるように思います。

コロナ禍におけるスプリッティング——身体科医から学ぶ

次に、コロナ禍におけるスプリッティングについて、さらに視野を広げたいと思います。

身体科医は、清潔と不潔の区別という概念を徹底的に身につけて、ある意味で強迫的に感染防止対策を日常的におこなっており、感染の危険に曝される覚悟のうえで常に患者に誠実に接していきます。それは、もともと内科医であった私自身の経験にも基づいています。私はかつて「患者を診たら癌を疑え」「患者を診たら膠原病を疑え」「女性を診たら妊娠を疑え」などと先輩の専門医から教えられた「疑う姿勢」について思い出します。これらの格言は専門家としての治療態度です。コロナ禍においては「人間を診たらコロナを疑え」ということになるでしょう。

しかし心理臨床において、コロナを疑う態度は、スティグマにつながるような人間存在に対する疑念とは異なります。科学的根拠や専門性に基づく感染防止対策のうえで、治療者と患者が誠実に会うことは、治療同盟の一部であるように私は思います。一般に治療関係には〈現実関係〉と〈転移関係(転移–逆転移関係)〉という二つの要素がありますが、コロナ禍において喚起される〈転移関係〉が〈現実関係〉に混入する、あるいはその逆の可能性は常にありますし、重度の病態では二つの関係は混同されるかもしれません。先述の身体科医の治療態度は、現実と転移を治療的にスプリットする態度であり、「コロナに感染するかもしれないが、コロナに感染しない」という、不安と自信をスプリットしながらも共存させている心の状態といえるように思います。

コロナ禍における心理臨床の実際はさまざまですし、治療者の考えや姿勢もさまざまですが、コロナに対する感染の危険に現実に曝されて、同時に世間からコロナの感染の不安を投影され、コロナのスティグマにより忌み嫌われながらも、誠実に患者に向き合おうとする身体科医の治療態度から何かを学びたいと私は思います。

(1) 岡田暁宜(2021)「コロナ禍における大学メンタルヘルスの実践経験」大学のメンタルヘルス 4

(2) 岡田暁宜(2020)「『ウィズコロナ』における大学のメンタルヘルスについて考える」第四二回 全国大学メンタルヘルス学会・シンポジウム(十二月十七日)

こころで会うことの回復

コロナ禍の面接室でクライエントと出会うこと

――マスク、カーテン、換気、消毒のなかから見えたこと、聞こえたこと

笠井さつき

1　言葉を見つける試み

語りつくせないほどの枕詞をもって、この二〇二〇年のコロナ禍での私たちの経験は、繰り返し吟味され共有され続けています。しかしこのようなときこそ、何が起きているのかを徹底的に考え、そこにある語りがたい不安や捉えがたい感情のなかから言葉を見つけ出すことが、精神分析のスピリットだと言えるのかもしれません。

シンポジウム「コロナと精神分析的臨床——距離、オンライン、会うこと」の司会を務めさせていただいたことから考えるヒントを得て、ここでは、シンポジウム当日には語られなかった、「オンラインを実践しないこと」「マスクやカーテン、換気や消毒をおこないながら面接室でどのようにクライエントと出会い、そのなかから何が見え、聞こえたのか」ということについて、言葉にしてみようと思います。

当日語られなかったこと

北山・奥寺・揖斐の三人の発表者のオンラインの実践についての事例を含めたシンポジ

ウムでの報告は、私にとって、非常に驚きと感動をもって受けとめられる内容でした。精神分析の実践をいかにしてオンラインのなかでも生かすことができるのかという視点からも、発表者のオンライン面接の実践は、日本のなかで進歩的なものだと感じられました。正直なところ、ここまでオンラインの精神分析的実践が進みつつあるのだということを私は認識していませんでした。そして、その実践のなかから見えてくるオンラインならではの困難や課題についても、多くの部分が明らかになったように感じられました。

◇オンライン面接を導入しないという判断

　この豊かな発表のなかで、しかし語られなかったところもいくつかありました。心理療法のなかでも、語られたこと以外に語られなかったことのほうがより重要な意味をもつことも多いと考えられます。このシンポジウムで最も語られなかったことは、「オンライン面接を導入しないという判断」についてではないでしょうか。特に精神分析の実践のなかでは、オンライン面接そのものをおこなわず、あくまで対面を継続する分析家もいると聞きます。そうした声は、この場では言葉になりませんでした。オンライン面接を躊躇するということを言葉にすることを「躊躇する」雰囲気があったのかもしれません。想像するに、困難な状況のなかで凛々しく格闘する臨床家の姿に感銘を受けつつ、そこに水を差す発言と取られる恐れもあったのでしょうか。そこには当日、司会としての不十分さもあったのかもしれず、ここでは私のオンラインへの躊躇を素材にしばらく語りたいと思います。

2　コロナ禍での私の臨床実践

◇「曖昧な」事態

◇自己責任

日本の状況のなかでは、海外でのロックダウンと異なり、感染状況や感染リスクに対する確かな情報を持てないまま、さまざまなことを個人や組織レベルで判断するという「曖昧な」事態が続いています。これは、もし情報や判断の根拠・選択肢がある程度確かなものであれば、自由に任されていると考えることもできるかもしれません。あるいは、いわゆる新自由主義のいうところの「自己責任」なのかもしれません。しかし、それらすべてが不確かなまま、「何が正しいのか」「どう振る舞えばいいのか」「どこまでが適切な配慮で、どこからが過剰反応なのか」と答えがないまま考え続ける日々は、苦しく孤独でもあります。

私の臨床実践の場は主に、大学の心理臨床センターと、クリニック併設のカウンセリングルームであり、前者においては、大学院生の学生実習や地域の心理相談業務の担い手として、マネジメントを中心的におこなう立場でもあります。新型コロナ感染予防対策のための都の外出自粛要請に応じて、一時期閉室期間もあり、この間、回数を限定したかたちでクライエントを対象にオンライン面接の提案をこちらからしたところ、希望者は数名のみでした。ほぼすべてのクライエントが、閉室中はいったん中断して対面での再開を希望され、再開後には対面に戻られています。

私の場合、オンライン面接を提案したクライエントは非分析的ニーズの「相談」を目的としており、週一回精神分析的心理療法のクライエントは対象に含みませんでした。それは、今回のシンポジウムで発表されたような精神分析的経験をオンライン実践のなかで試みるだけの準備が私の側になかったこと、そのためオンライン面接はどこか、アドバイスを与える一問一答的な形式に陥りがちで、精神分析的心理療法のクライエントにそぐわないように感じたためでした。

その結果、オンライン面接を提案しないという私の判断は、その対象となったクライエントとのあいだに、いつまで待つのかわからない隙間をもたらすことになりました。しかし対面の面接の再開後、閉室期間は面接のなかった一人のクライエントが「ここがなくて正直、気が楽だったんです」と、毎週ここで気持を語ることの苦しさを率直に打ち明けられました。閉室前このクライエントは毎週、遅刻も休みもなく通い続けており、そのような言葉は私には意外なもので、この閉室期間がなければ知ることのできなかったものでした。そして、このクライエントはその後、再開した対面の面接のなかで多くの進展を得ることとなりました。

これはひとつの例に過ぎないのですが、会うことそのものよりも、会わないことによって伝えられるようになること、見えてくるものもあるのかもしれません。私自身は、産休・

育休のときの経験が生かされるようにも思いました[1]。不在であることの逆説的な豊かさと言えるのでしょうか。

もうひとつ、このコロナ禍での影響を考えるべき大きな要因として、対面実践の場合も消毒作業やマスク着用、カーテンを吊るして窓やドアを開けた面接をおこなうことがあります。私の勤務先のひとつであるクリニック併設のカウンセリングルームでは、マスクの上にフェイスシールドを着用するようにセラピストは求められています。マスクの着用については奥寺氏が今回の発表のなかで問題提起されましたが、カーテン越しであることや、換気のための窓開けも、通常の面接室では考え難い異常な状況です。窓を開けて面接することの不安については誰しもが「この状況では仕方がない」とあえて口にされないかもしれず、そこではバランジャーら *Baranger,M.et al.* の無意識の共謀関係が生じるのかもしれません[2]。

◇共謀関係

私自身の臨床経験のなかで、これまで勤務先によって多くの面接室を使用してきましたが、思えば過去二回だけ、自分自身で面接室を設営するということがありました。それ以外は、病院の診察室の一室で時間を決めて心理の部屋として使用したり、有料の心理療法センターで部屋借りをしたり、学生相談で大学の施設を使用していました。いずれも、しつらえられた家具や照明はその運営者の趣味や意図が反映され、椅子や机の選択も必ずしも自分自身の望むものではない場合もありました。その与えられた場に「なじむ」までに

◇面接室を設営する

◇なじむ

少し時間がかかり、特に、初日に出勤したまま予約があり面接を始めなければならなかったときの違和感は、今でも記憶に残ります。

面接の容れ物がいかにその中身に影響するのか、ということは多くの臨床家が実感するところだと思います。私が自分自身で設営した二回の経験のうち一回は、建物の建築設計から関わることができたため、構造や防音、窓や採光などのハード面から、家具や調度品、照明といったソフト面まで多くの意向を幸運にも考慮されたものとなりました。しかしながら、コロナ禍の臨床においては、先に述べたようにそうしたさまざまな工夫や配慮を自ら変更し、クライエントの理解や協力のもとで、マスク着用、カーテンやアクリル板使用、換気のための窓ドア一部開放により、対面面接を継続しています。

3 窓を開けた面接室の中の小鳥

そうしたなか、私は以下のような経験をしました。守秘義務への配慮から、クライエントを特定する表現を一切排除し、セラピストの主観的経験を中心に面接で起きたことを伝えます。

あるクライエントと週一回対面での面接をするなかで、換気のため窓を開けていると外

◇「なかったことのように」振る舞う

の騒音がうるさく、さらにマスクもしたクライエントの声が聞こえづらい、と私は感じていました。しかしその部屋は初回から固定して使用していたため、私は部屋を変更することを考えていませんでした。あまりにも騒音がひどいセッションのなかで、自分もクライエントもお互いが騒音に気に留めずにいるかのように振る舞うことに気づき、私はクライエントの母親が家族のなかで起きた激しい怒りや悲しみの体験に対して「なかったことのように」振る舞っていた、というエピソードを思い出しました。

　そして、その連想により、私はその母親への無意識の同一化に気づいたことで、次回から、より静かな隣の部屋に面接室を移すことを決めました。クライエントは何も気にしないかのように変更に応じ、その数回後の面接のなかで、原家族のなかで感じた怒りや憎しみに巻き込まれずに自分の居場所を見つけるための言葉を懸命に探していました。

　その傍らで耳を傾けながら、私は突然、二人の視線を結ぶ先のサイドテーブル上に、枝をくわえ飛んでいく小鳥の小さな絵が置かれていたことに気づきました。たしかにその絵は、私がこの面接室を設営したときに選んでそこに置いたのであり、その部屋にこのとき私はこのクライエントとの面接を意図せず移していたのでした。その絵に今、自分がなぜそんなにもインパクトを感じているのかというところを手掛かりに、私はクライエントがまさにこの場で過去から解き放たれようとしているのだということに思い至り、そして、その自由は外にではなくクライエントの心のなかに見出されようとしているのだということを理解したので、そのことを伝えました。

のちに気づいたことなのですが、この小鳥の絵は、私が面接室の設営の準備で非常に多忙な時期に、仕事や家事で限られた時間のなか、一人、寒い街で大荷物を抱えて走り回るようにして買い求めた面接室に必要な小物のうちのひとつでした。私はそのときの自分がさまざまな義務や責任を感じて苦しく押しつぶされそうだった気持や、山積みの課題のなか感じていた孤立感を思い出しました。新しい面接室は綺麗なものの、あまりにも寒々しく感じられ、私はとりあえず、目についた値段も手ごろでさほど思い入れもなく購入した（とそのとき感じていた）小物をいくつか飾り、その部屋でクライエントと会うことになったのでした。そう考えると、苦しいなかから自由を求めて飛ぶ小鳥の絵は私自身だったのかもしれず、その私をクライエントがこの絵を介して見出したのだという逆転の発想も可能となります。この面接室は、当然のことながら他のクライエントとも何度も使っていたのですが、そのときのような経験は初めてのことでした。また、クライエントに私が心の自由についての理解を伝えたあと訪れた沈黙のなかで、換気のために開けた窓の外で小鳥がさえずるのが聞こえてきたことを覚えています。それはまさに舞台のなかにいるような時間でした。

私はこのとき、自分がこの面接室をしつらえたのであり、そして自分がこの面接室にこの面接を移したのだという自分自身の設定を意識化したのですが、それは、私がコロナ禍でやむを得ず、しかし能動的に作り出したこの場でこそ、よく見えてよく聞こえるようになったということだったと理解することができます。

◇しつらえる

4　コロナ禍での精神分析的状況再考

精神分析特有の知のひとつとして、精神分析における設定や分析的状況をめぐるさまざまな議論の再学習は、この非日常的臨床の状況のなかで私たちに多くの手がかりを与えると言えるでしょう。

精神分析技法のテキストの著者であるエチゴエン *Etchegoyen,R.H.* は「分析的状況」の章の冒頭で、「精神分析（もしくは治癒）は分析的状況において生じる *takes 'place'*」〔p.506〕と、'place' を強調した表現で述べたうえで、そのような広義の定義には多くの分析家は同意するものの、難しいのはこの定義に具体的な内容を当てはめるところから始まるのだと述べています[3]。そして、分析的状況は被分析者と分析家という二つの明確な役割を生み出すような特有の課題を成し遂げるための行動の制約に耐える二人のあいだの特殊な関係であると定義

◇本書 p.6「日本の治療構造」、p.183「『治療構造』のなかで『会う』こと」、p.203〜「不在の部屋と身体」を参照

されてきたこと、その課題は二人のうちの一人の無意識の探求にあり、それはもう一人の技法的な関与を伴うのだと続けています。そして、分析的状況が同時に観察と相互作用の場であるという議論の発展のなかから、バランジャーの引用により、分析的状況は分析家が一方的に被分析者の退行を観察する場ではなく、分析的カップルとして両者が主役である相補的な関係のなかで、両者の無意識的空想を形成する場であるという力動的視点を伝えています。そしてこの共有された空想という概念から、場 *field* というのは、単に分析的状況が生じるところではなく、両者の相互作用が起きるところのことである、という理解を示しています。このように、分析家と被分析者が完全に等しく相互作用するというアイデアに対して、あくまで分析家は被分析者を観察するのだと考える分析家もいるため、分析的状況の具体的な定義は分析に対する根本的な捉え方を映し出すともいえるかもしれません。

◇分析的プロセス

　これらの議論のなかから、精神分析における設定が分析的プロセスを担うものである、と考えたとき、新型コロナウイルス感染症拡大下での心理臨床におけるさまざまな設定変更は、分析的プロセスを促進する場としての機能をもち続けることが可能なのでしょうか。そもそも、オンラインという設定に変更された場合に、その分析的状況を意味する場 *field*

とは、いったい、分析家のいる場を指すのか、被分析者の自室を指すのか、どちらだといえるのでしょうか。

すでに述べたように、何が正しくて何が間違っているのか、過剰なのか配慮不足なのかがわからず手探りのまま、セラピストは一つ一つの可能性や危険性、施設としての判断などを考え、話し合い、準備をすることになりました。そして結果として変更し準備した設定について、クライエントに説明し、了承を得ることとなりました。このときほど、セラピストが能動的に設定を動かしたときはなかったかもしれません。

◇能動的に設定を動かす

特にオンラインの実践では、Zoomなどのビデオ会議は、電話やコンピューターでの設定、招待状の受け取り、当日の面接環境を整えること（家族などの侵入から守られたプライバシー空間確保の問題など）、ホストであるセラピストからの招待状により面接が成立するセラピスト主導型になること、電話相談の場合は電話をどちらがかけるのか（電話料金の負担、セラピストの電話番号の非開示の問題）、面接時間外の電話対応など、さらにはいずれの場合もセラピストと患者のどちらの意向で導入されたのか――感染防止のためのセラピストや施設側の都合なのか、しかしその都合もひいてはクライエントを守るためなのか、あるいはクライエント側の不安からなのか、など――多くの検討点が含まれています。

そうした意味で、この設定は、セラピストとクライエントの両側から持ち込まれて作り上げられているのであり、そのなかでこそ、それまで見えなかったものがよく見えたり聞こえなかったことが聞こえたりすることがあるのだと言えるでしょう。

5　その後、考え続けていること

精神分析の実践から学ぶべき重要な姿勢のひとつは、どのような状況のなかでもそこで何が起きているのかを真摯に考え続ける、ということではないでしょうか。

◇オンラインとリアルの越えられない違い

当日の「オンラインでもこれだけのことができる」という前向きな実践の背景には、オンラインとリアルの越えられない違いについて、というテーマが潜んでいたかもしれません。ここでいったん視点を移し、心理臨床場面以外の卑近な例で考えてみたいと思います。

たとえば、自粛期間中には多くのレストランがテイクアウトを始め、外食を控えるなかでの楽しみとなったことは記憶に新しいことです。このとき、普段はテイクアウトメニューを設けないような敷居の高いレストランがテイクアウトを始めたことは、「心理療法はオンラインか対面か」の議論にも近いものがあるかもしれません。

老舗のレストランが「決して自分の店で自分のタイミングで出す料理以外は考えない」という姿勢も立派だと思われるし、そこでは料理に対するそれぞれの考え方が問われたのだと思います。店側の経済的事情や従業員の状況、顧客の楽しみを重視することなど、さまざまな背景をもってテイクアウトが生まれ、その恩恵を被る顧客も、決してそれがベストではなくいつかはお店に食べに行きたいと思いつつも、「今は仕方ない」と、自宅で店の味を懐かしみつつ楽しんだのではないでしょうか。このとき、このままずっとテイクアウトだけでいいと思っていた人は少ないでしょう。

移行的であること、「役に立つ」セラピストであること、本質を見失わないこと、面接の場を維持すること、そして当然守秘義務が脅かされないこと、なにより'Who benefits from it?'と問い続けること、などの臨床の問いとも重なるところと言えます。

熊倉は「スーパーヴィジョンの帰り道」と題したエッセイのなかで、[4]「スーパーヴィジョンのなかでは、クライアントにとっての新しいことばは産まれえない。新しいことばは、治療者自身が、クライアントとの間で産み出す必要がある」〔p.218〕と述べたうえで、「何度も同じオフィスに通い、スーパーヴィジョンを受け、ともに考え、何度も同じ道を歩くなかで、一人になって孤独に考える。この構造のなかにこそ、自分のこころを使えるようになるための仕組みが内在していたのだ。スーパーヴィジョンの帰り道にそう気づく」〔同〕と結んでいます。しかし、その後の出版までのあいだに起きたCOVID-19のパンデミックによるスーパーヴィジョンのオンライン化により、「『スーパービジョンの帰り道』がなく

◇概念としての『スーパーヴィジョンの帰り道』

なった。けれども、概念としての『スーパービジョンの帰り道』は残っている。社会環境の変化によって、心理臨床の何が変わり、何が変わっていないのか、考え続けていかなければならない」〔p.219〕と続けています。

6　最後に、そしてこれから

しかし、これらのリアルであることのかけがえのなさも、奥寺の発表にあったように、世代を経ると異なる経験となるのかもしれません。オンラインに生まれた時から慣れ親しんだ世代、ポストコロナ世代においては、精神分析的場というものがどのように体験されるのでしょうか。いずれにしても、その営みを考え続けること、言葉にし続けることの意義だけは保たれることを願いつつ、そのような作業なしには変化を生むことができないというところは変わらないのではないかと考えます。

この原稿を書いている二〇二〇年十一月末においても、すでに新型コロナウイルス感染症拡大の第三波の到来が報じられています。しかし、これまでの臨床のなかで私たちは、それぞれのクライエントにとってこのコロナ禍の経験がどのようなものであったのか、ということを共有しています。

コロナ禍で世の中がすべてストップしたことでむしろ安心して家にいられた、という語りや、普段はいない夫の在宅勤務により直面した家族の葛藤、近所の家族連れの買い出しの様子を見ると孤独感に襲われる、カーテンを吊るした面接室でも会えないよりはましである、関係の悪い高齢の親の感染不安と親殺しにまつわる罪悪感など、リアルタイムで共有できる「コロナ禍」という素材について、私たちは語り合うことができています。こうして、どのような状況においてもそのことについて自由に考え続け、そこに自分たちの物語を見出すことによって、私たちはここから先へ進んでいくことができるのだと思います。

(1) 笠井さつき (2009)「受け入れがたい現実としての治療者の妊娠——空想の対象から現実の対象へ」精神分析研究 53: 22-31.

(2) Baranger, M., Baranger, W., & Mom, J. (1983) Process and non-process in analytic work. *The International Journal of Psychoanalysis*, 64: 1-15.

(3) Etchegoyen, R.H. (1991) *Fundamentals of Psychoanalytic Technique*. Karnac.

(4) 熊倉陽介 (2020)「スーパービジョンの帰り道」藤山直樹・津川律子・堀越勝ほか編『精神療法トレーニングガイド』日本評論社 pp.213-220

コロナ禍におけるグループの無意識――いくつかの視点

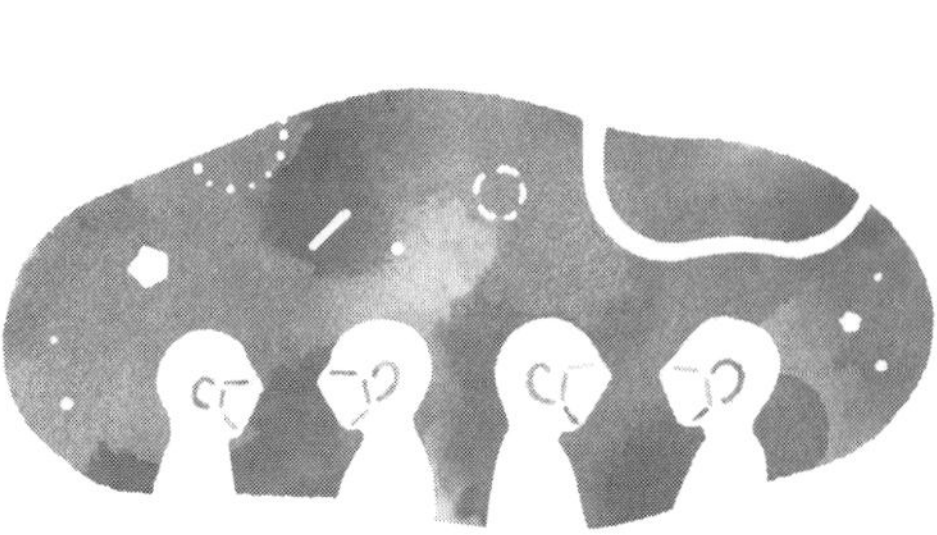

西村 馨

1　グループによる無意識の精神分析的探究

精神分析では、一人の患者と一人の分析家による作業が原則です。しかし、精神分析的視点でグループを見ること、グループで精神分析的治療作業をおこなうこともまた有益であり、時に、個人精神分析では見えなかったさまざまな事柄、特に社会的側面に光を当てることが可能になります。ここでは、このコロナウイルス蔓延状況でのさまざまな「グループ」のプロセスをとりあげ、人々が体験している無意識についての精神分析的理解を試み、考察してみたいと思います。

2　社会集団の力動と社会的無意識

集団力動についてのいくつかの精神分析的理解

コロナウイルスが蔓延し始め、危機感が高まり始めた頃、私たちはこの正体不明のウィルスについて強い恐怖心を抱きました。

英国の精神分析家ビオン *Bion, W.R.* は、グループには科学的・現実的・理性的な精神機能に基づいて営まれる〈作動グループ〉と、現実的で、情緒・欲求・不安に駆られて動く〈基底的想定グループ〉の二つの側面があることを指摘しました(1)。

基底的想定グループには、主導してくれる人に依存すれば大丈夫だと考えて反応する「依存グループ」、どこかにいる敵を倒すか、逃げるかしようとする「闘争―逃避グループ」、カップルが救世主を生み出し、すべてを救ってくれると信じる「つがいグループ」の三種類があります。グループはいつも〈作動グループ〉と〈基底的想定グループ〉の両側面をもっています。ものごとは、〈作動グループ〉によって明確なリーダーシップのもとで現実的に対処する他に前進はないのですが、辛抱強くものごとを検討して何かを実施していくことは骨の折れることで、非現実的で情緒的な〈基底的想定グループ〉の特徴がときおり顕著になります。

振り返ってみれば、日本の場合、リーダーシップが不明確あるいは不適切で、テレビのワイドショーでさまざまな人が私見を開陳して一般人が混乱したり、「専門家集団」がすべてを解決してくれると信じたりする、「依存グループ」状態の時期がありました。施策が一定の成果を挙げるものの、「夜の街」が病巣として敵視されたり、逸脱者を処罰しようとする「自粛警察」と呼ばれる人々が現れたり、相互監視的雰囲気になったりする「闘

◆作動グループ
◆基底的想定グループ

◆依存グループ
◆闘争―逃避グループ
◆つがいグループ

◆本書「はじめに」、p.62「コロナ禍の日本で生活するわたしたち」を参照

争―逃避グループ」状態が現れたりもしました。また、偽の特効薬の情報が流布したり、ワクチンや治療薬が過剰に期待されたりする「つがいグループ」状態が現れたりしました。いずれも、グループ全体が不安に駆られたときに陥ってしまう、原始的な反応です。それらの現象は今もなお強く続いています。

「非凝集」のプロセス

ホッパー *Hopper,E.* は、ビオンの理論を拡張し、大規模なトラウマを抱えたグループにおける「非凝集：集合化／塊状化 *Incohesion: Aggregation/Massification*」という理論を提唱しました。[2] これは、グループ全体がトラウマを抱えると、個々人が絶滅の恐怖を体験し、一人一人の世界に引きこもってしまい、グループが小石の集まりのような状態になってしまったり（集合化）、その反動でやみくもにアメーバのような一体感を求めたり（塊状化）、挙句にその両方を揺れ動くというものです。

振り返れば、東日本大震災の後では、「絆」や「頑張ろう」というスローガンが聞かれ、情緒的な一体感が強調されました。これは塊状化の特徴といえます。かたや、接触が忌避される今回のコロナ危機状況では、孤立の傾向が強く、集合化が顕著であったと思われます。しかし家族・組織単位では、一体感でこの危機を乗り越えようとする塊状化の動きが

◇非凝集：集合化／塊状化
Incohesion : Aggregation/Massificaction

顕著にみられ、ネット経由のコミュニケーションも重要な役割を果たしました。ただ、多くの家族の凝集性が高まる一方で、家庭内暴力、児童虐待などを引き起こす例も少なくありませんでした。孤立の不安から発し、現実のアクションに基づかない情緒的な一体感は、一時的に高まることがあっても、やがて幻滅に終わってしまうのです。

過去のトラウマの想起

精神的に退行した社会に見られたグループプロセスにおいては、忘れられていた過去の大規模トラウマが想起されることも顕著でした。これらは、個人レベルではなく、社会レベルで抱えていた無意識という意味で、社会的無意識と呼ばれます[3,4]。

一九一八年から一九二〇年にかけて世界中で五億人が感染し、おそらく一億人以上が死亡したと言われる「スペイン風邪」の大流行がしばしば紹介されました。また、ペストのパンデミックがとりあげられ、村上陽一郎の『ペスト大流行』やカミュの『ペスト』が改めて読まれました[5,6]。さらに、小松左京が一九六四年に小説を書き一九八〇年に映画化された『復活の日』も再評価されました。映画『復活の日』の英語タイトルは、ずばり“Virus”です。すでにさまざまな感染症を克服し「忘れてしまった」ウイルス蔓延の脅威を描いた点は、社会的無意識の一側面に光を当てたものと言え、今回それが「思い出された」のです。

コロナ危機下における自己隔離、マスク着用、手指消毒は、古代からケガレを忌避してきた日本人にはなじみやすいものだったようです。「物忌み」や「方違え」といったケガレを忌避する風習が、感染症予防方法と一致することが指摘され、この風習が感染症予防に端を発しているのではないかという意見も出されたほどでした。その真偽はともかく、これらは日本の社会的無意識のひとつの典型例と言えるでしょう。

江戸時代後期に出現し、疫病を予言したと言われるアマビエの姿は、安心と希望をもたらすものでした。その姿は、ウイルス退散のシンボルとして現代人に好まれ、さまざまなところに描かれ、掲げられました。ビオン流に言えば、万能の救済者を求める「つがいグループ」状態ということになるでしょうが、人々の心を落ち着かせるという点では一定の効果があったでしょう。

こうした現象は、グループが危機に面して過去のトラウマの歴史を振り返ることで、「生き残った」ストーリーに触れ、危機にあっても希望をもたらす側面もあるように思えます。さて、社会全体の反応の理解も意義深いものですが、ここでは素描にとどめ、私が直接体験したオンラインでのグループでの動きにより焦点を当てたいと思います。

3　ソーシャル・ドリーミング・メイトリクスの体験から

ソーシャル・ドリーミング・メイトリクス *Social Dreaming Matrix*〔以下ＳＤＭ〕とは、簡単に言えば、人々が集まって、最近（前夜からおおよそ数週間前）見た夢を語り、そこから自由に連想したことや夢を他の参加者が語るグループです。

ＳＤＭでは、夢や自由連想を語り合いますが、その意味についての議論はしません。言ってみれば、ひたすら無意識的、非論理的な感覚に身を浸すような活動です。その特徴は、個人の無意識ではなく、その場（メイトリックス）にいる人々が集団的・社会的に持っている無意識を探求することです。一九八二年に英国のタヴィストック研究所にいたローレンス *Lawrence, W.G.* が「発見」したものとされています[7]。

彼は、無意識の「社会的な」側面に注目しました。グループで、個々人が夢を語り合うことで、そのグループが共有している「なにか」をつかむことが可能になると考えたのです。彼はこのＳＤＭの手法を、治療法としてよりも、企業のコンサルテーションやサイコセラピストの訓練法として発展させました。

ＩＡＧＰのＳＤＭプロジェクト

このようなＳＤＭは、日本ではあまり知られていませんが、タヴィストック研究所を拠点にして国際ネットワークもできており、グループサイコセラピーの国際学会でもしばしばおこなわれます。

私が所属するＩＡＧＰ〔国際集団精神療法・集団過程学会〕では、このコロナウィルス蔓延下でのＳＤＭをZoomミーティングでおこなうプロジェクトがイタリアのガッソ *Gasseau,M.* によって立ち上げられ、毎週一回一時間（基本的にヨーロッパ時間の朝）ずっと継続しています。ヨーロッパ諸国の方々が中心ですが、アフリカ、中近東、アジアの方々も参加しています。私も二〇二〇年の初夏の頃から時間の許す限り参加してきました。

ここでは、私自身の体験を中心に紹介して、国際的に共有されている無意識に接近したいと思います。

夏の終わりの頃、ＳＤＭでは、交通事故を起こしたとか、車の鍵を失くしたという夢が相次いで報告されていました。私自身、その頃、飼い猫が家を飛び出して車にはねられ、後ろ脚を折られる夢を見たので、少々驚きました。

参加者たちの一連の夢や連想が語られた後、やがてリーダーがひとつのコメントをしました。それは「夏休みが終わり、日常の生活が始まろうとしている時、感染の不安のある外の社会に出ていくことへの不安を表しているのではないか」というもので、画面に映し出された多くの人たちがうなずきました。

通常であれば、私が見た「猫の交通事故」の夢は私個人の脈絡で理解され、その猫に私の何かが象徴化されていると考えることでしょう。実はこの猫は、数ヵ月前に実際に家を飛び出し、事故にあい、後ろ脚を折って帰ってきたという事実があり、それも考慮されるでしょう。しかし、このSDMでは様相が異なってきます。私の「猫が家を飛び出して交通事故にあう」という夢は、世界中で「無意識に」体験されていた不安のひとつの表れという視点がもたらされるのです。そして実際、秋以降いっそう新規感染者は増えていったのです。

秋のあるセッションでは、国境を越えて移動する人々の群れのなか、自分は警察に止められてしまう夢、壁や山についての夢、建築中の建物に手紙を届けたいが係員に冷笑され断わられる夢などが次々と語られました。

私は、東京に住む私が外の地域の人にバケモノ扱いされる疎外感を連想していました。警戒心がやわらぎ、東京への旅行促進キャンペーンが解禁されつつありました。あたかもバケモノ扱いをないものにしようとしているかのようでした。全体として何が正しい判断なのかわからず、曖昧な不安を抱えたまま日々を過ごしていました。

夢について語り、連想を共有することは、日常のなかで見えにくくなっていた自分の精神生活に触れる場を作ることであり、心を取り戻す体験でした。というのも、コロナ禍であっても日常生活のなかで取り組まねばならない事柄がたくさんありました。世の中が徐々に普通の社会生活に戻ろうとし、自分も現実に適応することに追われるうちに、不安感が漠然と拡散してしまっていました。

週一回開催されるオンラインＳＤＭでさまざまな夢を聞き、それについての連想に身をゆだねていくうちに、心が扱い損ねていたさまざまな内容が、まざまざと、鮮やかに浮かび上がってきたのでした。つまり、「普通」を装いながら、実は、内心には不安、恐怖、怒り、無力感を体験していたことが再認識されたのです。それは、自分という感覚を取り戻す体験でした。

さまざまな国の人々が集まっておこなうＳＤＭの特徴について言えば、むろん国によって状況は違いますし、ある事象を参加者全体に共通するものとして捉えすぎないよう、理解の際には留意が必要でしょう。しかし一方で、コロナウィルスが全世界的に蔓延した状況では、おそれや希望は国を超えて共有できるものだと感じられました。

4 学生のための体験グループ

もうひとつ、大学の心理学専門科目のなかでおこなった「体験グループ」を紹介します。体験グループとは、数人から二十人程度の人々が参加し、自己理解とより深い関わりを目指す訓練的グループセラピーです。

このグループがおこなわれた秋の初め、この授業がもたれた大学では、対面とオンラインを並行させる「ハイブリッド」形式の授業が一部で認められました。早速この授業でそれを試み、授業の後半六〇分間をこの体験グループにあて、一〇セッションをおこないました。教室での参加者はPCもしくはタブレットを持ち込んで輪をつくり、Zoomミーティングに入りました。こうすることで、教室のグループ〔一二名〕とZoomによるスクリーン上のグループ〔全員で二二名〕が同時に出来上がりました。私とTA〔ティーチング・アシスタント〕がリーダーを務めました。

言葉の底に流れる思い

九月初旬に第一回を迎えたこのグループは、コロナ禍の影響の話題で持ちきりでした。久しぶりに教室で授業ができたこと、交流をもてたことの喜びが語られました。しかし、海外留学から慌ただしく帰国することになった体験や、アルバイトをやめることになった体験など、突然の「喪失」体験のショックも共有されました。

また一方で、「首都圏に出てくることがこわい」「教室に行けない寂しさ」といったことが、オンライン参加者から語られました。なかには、対人関係が苦手なので寮にいてもオンライン参加の方が安心だという学生や、閉鎖的状況で家族と触れる時間が増えたという学生、これまでなんとなく話していたが、こういうときに話したいと思う友人がいないことに気づいたという学生、この状況で発見したことに意義を求めようとする学生もいました。

その後、数週間にわたり、コロナ禍の影響についての話をしつつも、授業・就職活動・大学院入試などの通常の社会的ストレスが語られました。また、「自分の感情を表現するということがわからない」「人と自由に関わるというのは難しい」といった、通常の体験グループで表現されるテーマも語られるようになっていきました。

その頃に印象的だったのは、オンライン参加者からの「Zoomだと、グループが突然終わってしまうことが寂しい」という発言でした。教室であれば、授業後の帰り道に雑談をしたり、食事やお茶をしたりといった「間の時間」があり、余韻を味わうことができる、と別の学生が反応しました。通常はそこで学生たちは人間関係をつくるわけですが、それがないことに改めて気づかされました。授業という形はでき、教育は動いているのですが、やはり異常事態は続いていると思わずにおれませんでした。

第六回で、ある興味深い出来事が起こりました。ある学生が「久しぶりに下宿に戻ってみたら、布団や椅子にカビが生えていて、掃除しても取れないんです」と苦労話をしました。すると学生が次から次へと反応し始めました。「私の寮もカビが多くて、戻った時が心配」「いま住んでいるところもカビが多くて、どうすればいいのかわからない」「以前住んでいた寮はカビがひどくて、結局、布団を圧縮パックに入れて保存するのが一番いいんだとわかった」「いい話をありがとうございます！」といった話が熱を帯びて続きました。グループの雰囲気はずいぶん変わりました。後のフィードバックでも、「何の話でもいいと言われていたけど、こういうのもありだったんだ」「あれで雰囲気が変わった」と言及した学生が多くいました。まさかの転回点でした。

またこの回では、ハイブリッド形式の授業についての話題も出ました。「別の授業で『対面だったらこんな配慮をしなくていいのに』とポロッと言われると、申し訳ない思いがして、つらい」とか「『できれば対面に来てほしい』と講師に言われる」というものでした。このグループではどうかと尋ねたところ、この授業ではそのような体験をしておらず、安心してこれが言える、と答えました。教室のメンバーからは、「申し訳ないと思う必要はないですよ」という声が出てきました。

その後のセッションでは、以前より自由に個人的な事柄が話されるようになってきました。この授業でおこなったグループワークのメンバーの連帯感に救われたという話がある一方で、対面授業に参加できないことへの心苦しさ、一人になるとSNSに埋没してしまい、有名人の自殺のニュースに触れたりすると気持の持って行き場がなくなって苦しくなってしまうという話、自分がコロナウィルスに感染したのではないかなどの身体不調に過剰に敏感になってしまう話などが繰り広げられました。

◇「孤立と連帯」

一見バラバラに見える内容ですが、グループは「孤立と連帯」のテーマをずっと訴えていたと考えられます。つまり、孤立しがちなコロナ禍の生活のなかで運良く手にすることができた人間関係や、連帯によって孤立から解放される体験がある一方、連帯は排除される人を作ることもある、そうなると気持が処理しにくくなり、孤立感が増してしまうのです。ホッパーの「集合化・塊状化」と関連しているかもしれません。

いずれにせよ、グループは、言葉の指し示す意味そのものの底に流れる、言葉にし切れない思いを共有しているようでした。グループの終盤では、個々人それぞれの価値があってよいのだという考えに至り、感じたことを語れたという体験、もっと深い思いを言いたかったが言えなかったという体験の両方を各自がもっていることを確認しながら、グループが「どんな思いも受け止めてくれる」場であったことを共有して終了しました。

無意識の素材に込められたもの

このようなオンラインの「グループ」で、どこまで心を扱うことができるかについて、少しだけ考察しておきます。

グループがオンラインである場合、SDMのような、夢や自由連想を語り合う作業をおこなうグループでは、さほど影響を受けないように思われます。聞き手が注意を向けるのは主に夢の内容であり、「空気を読む」必要もなく、てんでバラバラに自分の言いたいことを言ってよいからです。一方、体験グループの場合、発言者の心理状態を理解しようとしても雰囲気がつかみにくく実感がもちにくいことがあります。そのため、発言のタイミングが（特にグループ状況だと）わかりにくかったりして、自己の感情をどれくらい調整すればよいのか難しくなることがあります。

しかし、最も面白かったのは、まったく予期していなかった「カビの話」でした。そのエピソードは、多くのメンバーが指摘したグループの転換点であり、「こういうつながり方があってよい」という新たな発見でした。いわば、意識の裂け目から無意識的な素材が

◇オンラインの影響を受けにくいなにか

突如湧き上がってきたような感じで、それがグループに活気と「関わりの幅」を与えました。無意識の素材のなかには、オンラインの影響を受けにくいなにかが込められており、それが「関わり方」それ自体ではなく、夢などの「内容」として（言語的に、象徴的に）伝えられる場合には、心を理解するプロセスがはたらきやすいと言えるでしょう。

◇形象化

ハイブリッドという形式は、教室参加の参加者と個別に参加しているオンライン参加者との間の距離を抱えています。そのため、個々人を尊重する、どんなことでも話し合う、というグループの一貫した風土が不可欠です。このグループの形式がもたらした影響について語り合うとき、心のなかにあったあるテーマが形象化して[8・9]、扱えるようになると言えます。実際、連帯と孤立の両面が、どちらの側の参加者からも語られました。

とはいえ、人と人との関わりは、乳児期から積み重ねられた、直接的・身体的プロセスを含むもので、インターネットやPCが媒介すると、二次的情報・バーチャルな体験となります。人によっては、「画像の不明瞭さや音声に混じる雑音などに妨害されて、没入しにくく、一緒にいる感じがしない」という障壁になりえます。どのような人がそうなりやすいのかについては今後の研究を待たねばなりませんが、そのような人がオンラインでも「共にいる」体験を持てるためには、双方の意識的な努力が必要になると考えられます。

5 非現実的な現実のなかで

私たちの心は、グループで生じるプロセスのなかにあり、今回は世界規模でのダイナミクスに巻き込まれています。ここでは、無意識を精神分析的に扱って治療的な改善を見たというよりも、グループで無意識を体験し、気づきを得るプロセスを紹介しました。

コロナ禍でさまざまな喪失を体験したことに加え、ソーシャル・ディスタンシングによって、孤立しやすくなっています。不安がグループ全体に蔓延すると、巻き込まれ、不安が増大してしまいやすくなります。また、ともすると心が閉じ込められ、「カビ」が生えやすくなっています。現実を回さねばならない状況があり、自分の心を振り返ることがなくなり、自分を失って追い詰められかねません。

コロナ禍では、みな「非現実的な現実」を生きています。答えが見えず、すぐに解決されるものでもありません。「折れない心」である必要はありません。つながりのなかで自分の心を取り戻し、しぶとく、希望を捨てないことが重要なのだと思います。

(1) Bion, W.R. (1961) *Experiences in Groups and Other Papers*. Tavistock.

(2) Hopper, E. (2003) *Traumatic Experience in the Unconscious Life of Groups.* Jessica Kingsley.

(3) Foulkes, S.H. (1973/1990) The group as matrix of the individuals' mental life. In E. Foulkes (Ed.), *S.H. Foulkes Selected Papers.* Karnac, pp.223-234.

(4) Hopper, E. & Weinberg, H. (Eds.) (2016) *The Social Unconscious in Persons, Groups, and Societies, Volume 2.* Karnac.

(5) 村上陽一郎 (1983)『ペスト大流行』岩波新書

(6) Camus, A. (1947) *La Peste.* Gallimard.　宮崎嶺雄訳 (1969)『ペスト』新潮文庫

(7) Lawrence, W.G. (2005) *Introduction to Social Dreaming.* Routledge.

(8) Grossmark, R. (2007) The edge of chaos: Enactment, disruption, and emergence in group psychotherapy. *Psychoanalytic Dialogues*, 17(4): 479-499.

(9) 北山修 (2021)「劇的観点から心を扱うこと――コロナ禍の『どさくさ』に紛れて」『コロナと精神分析的臨床――「会うこと」の喪失と回復』木立の文庫 pp.1-31

コロナ禍における「ほど良い治療設定」について考える

——治療構造論の視点から

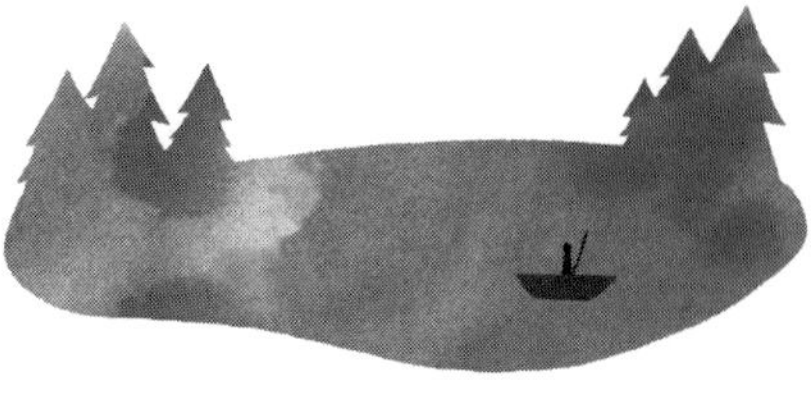

飯島みどり

◇「ほどよい治療設定」

1　コロナ禍での「会うこと」をめぐって

二〇二〇年八月、北山修先生・荻本快先生の企画により「コロナと精神分析的臨床――距離、オンライン、会うこと」と題する学術集会が（オンライン・シンポジウム）開催されました。そこでは、コロナウイルスのより変化した日常生活のなかで精神分析的な臨床をおこなっているシンポジストが、それぞれの視点からコロナ禍における臨床体験を語り、私はそこに指定討論の立場で参加する機会をいただきました。

それから数ヵ月が経過し、一時期よりは落ち着きを取り戻した部分もある一方、感染は未だ収束の目途が立たず、この会でとりあげられたテーマは、より多くの臨床家や、人と接することを仕事とする人々にとっての関心事となっていることを感じます。外的な状況の変化が臨床のあり方にもかかわってくる、流動的で先が見えないなかで、どのように臨床の場を設定していくのか、セラピストとクライエントの双方にとって「ほどよい治療設定」とはどのようなところにあるのかについて、シンポジウムを振り返り、治療構造論の視点から考えてみたいと思います。

2　治療構造のなかで「会う」こと

サイコセラピーを求めて臨床家のもとを訪れた人と向き合うとき、私たちは、心のなかでさまざまな問いを発しながら、その人と向き合います。どのようなことに困っているのか、どのようなことを感じているのか、どのような日常を過ごし、どのように育ってこられたのか。私たちは、それらを理解するために、言葉でのやりとりを続けますが、それと同時に、目の前にいるその人自身が持つ雰囲気や態度、表情やちょっとした仕草、その人から伝わってくるエネルギーの強弱や、言葉を語るときの声のトーンなどといった、五感を通して入ってくる情報を総合してその人を理解しようとしています。

そのような意味で〝会う〟ということは、他者を理解するうえできわめて多くの情報を与えてくれるものであり、これまでサイコセラピーは、ほとんどの場合〝会う〟ことを前提におこなわれてきました。

治療構造とは、この〝会う〟ことの枠組を示すものです。フロイトは、治療を始める際に、その治療における時間設定や料金のことをはじめとした規則をあらかじめ決め、その後は、分析家と患者が共にそのルールに従って治療を継続していくことの重要性について述べています(1)。それは、治療の規則正しい継続と治療者の生活を維持していくことのためでした

◇本書p.6「日本の治療構造」、p.156「コロナ禍での精神分析的状況再考」、p.203～「不在の部屋と身体」を参照

が、フロイトが「構造」に求めた機能には、一定の規則的な営みが変調したときに、その背後にある心因的なものを読み取ることを可能にする、ということも含まれていました。

セッションの頻度や開始時間、一回のセッションの時間、どんな姿勢でセッションを受けるのか、そして、セッションをおこなう「場」などを決め、その「構造」は、一貫して変わらない、いわば父性的な原理としてその治療の場を支えます。そして、「構造」に対してどのような適応の仕方をするか、どのようなときにそれが破られるのか、といったことは、心理的な動きを受け止めそれを映し出す媒体となっていきます。

◇治療構造論

この治療構造の概念をさらに発展させ、ひとつの治療論としたのは小此木啓吾先生による「治療構造論」でした[2・3]。小此木先生は、治療構造を、先ほど述べたような時間や料金、場所といった「治療者が意図的に設定するもの」だけでなく、その治療がおこなわれる機関や場が制度として定めている「治療者の意図を超えて与えられたもの」、そして「治療経過中に自然に形成される治療構造」という側面からも捉えられています[4]。これは、治療の進展のなかでそれと意図せずに生じる、永続的な状態や習慣であり、その治療に関する構造的な条件となっていくものを指します。このように治療構造は、治療者とクライエントが〝会う〟ことに具体的な形を与え、共有する「現実」や交流の媒介ともなるものであると言えます。

3　「会わない」という構造で会うこと

コロナウイルスによって、社会は多くの変化を迫られました。しかし、その変化の中核にあるのは、人と人がなるべく会わないで生活をすることを求められたことだと言えるでしょう。上述したような、本来、簡単には変わることのない治療構造にとって〈コロナウイルス〉とは、あまりに大きな意図しない要因の急激な侵入であり、「会えない」という条件のなかで、どのようにして治療関係を維持し、つながりを保っていくかは、臨床家にとって深刻な問題となりました。

それは、サイコセラピーが、クライエントにとって、本音を語り、素顔のままの自分でいられる心理的な拠り所や居場所を提供し、それによってクライエントを支えている、という想定があるからです。それを英国の対象関係論学派に属するウィニコット *Winnicott,D.W.* は、「抱える環境 *holding environment*」と呼びました。

◇抱える環境

小児科医であったウィニコットは、フロイトがその理論を構築した患者たちよりもより早期の段階における母親的な環境の「失敗」に起因する病理をもつ患者とのかかわりから理解された発達理論に基づいて、治療における抱える機能を重視しました[5]。そこでは、治療構造を維持するだけでなく、それを原則としながらも、構造からはみ出してしまう収ま

◇設定

りの悪いものを治療の場へと収容していく母親的な機能が必要となります。ウィニコットは、そのような機能を「設定」と呼んでいます。北山先生は「設定 *setting* は、患者の取り扱い *management* の総和であり、分析家の行動であり、ニードへのほど良い適応である」と述べ、治療は「構造」と「設定」の二重構造のなかで適応的設定を試みながら展開していくと述べています。[6]

オンラインの使用は、会うことができない状況のなかで、ともかく関係をつないでくれる貴重な媒介となりました。その一方、「会わない」で会う、ということが、どのような治療関係を展開させ、それに対してどのような設定が必要となるのかという問いも、問われることになったのです。このような点について、次に今回のシンポジウムの先生方のお話を振り返りながら考えたいと思います。

4　本書の前半をふりかえって

「オンラインで心を扱うこと」

この本の基になるシンポジウムの発表で北山修先生は「オンラインで心を扱うこと」というテーマでお話をされ、セッションのリズムを保つためにオンラインを使用することはあっても、それは本来の構造である「対面」が再開できるまでのあいだの「つなぎ」「代用」であるとして、その期間をウィニコットの言う「中間的」で「移行的」な領域であると位置づけました。

◇中間領域

この発表のなかで先生がお話しされたのは、この「中間領域」の扱いの困難さと、それが同時に内包する「創造的な可能性」についてであったと思います。すなわち、父性的な「構造」が機能している状況での「環境」は、「いつもと同じ」と言えるくらいの安定した環境を暗黙の裡に提供していましたが、それが揺らぎ維持できなくなったときには、それを補って「場」をつないでいくための「設定」が必要になります。

◇治療設定

そして、その場合の治療設定は、流動的で可変的なものになるため、それまで「構造」への適応のために為されていた抑圧や防衛を緩め、無意識的な情緒が前言語的な行動や言語となって表出されやすいことを指摘され、それを「形象化」という言葉で表されました。

◇形象化

そして、その表出が、無意識的なものがそのままに行動化されたアクティング・アウトなのか、それとも創造的な気づきへとつながるものであるのか、にも留意することを述べられています。

シンポジウムの指定討論の際、私は、北山先生に次のような質問をしました。それは、特に病理の重いクライエントにとって、現在生じている〈コロナ禍〉での「会えないこと」やオンラインで「会う」ことという治療設定のなかで、その体験を、過去の母親的な機能の剥奪や〈抱える環境の失敗〉の反復とすることなく、無意識的なものの形象化を通して創造的な意味に開かれていくために、セラピストはどのような態度であることが治療的なのでしょうか、というものです。

その問いを、シンポジウムの場でも、また、シンポジウムが終わった後も、北山先生とやりとりをして考えましたが、答えは、わからないということでした。そして、そのわからなさこそが、中間領域の意味の流動性であり、その段階にある「オンラインの使用」というものは、未だ評価することができないのです。

〈コロナ禍〉という先の見えない状況のなかで、私たちは、何とか状況を理解したい、どうすればいいかわかっていたいと考えますが、このような状況における治療者の役割は、クライエントの不安や不満を引き受ける転移の受け皿として、まずはそこに〝いる〟ということなのでしょう。北山先生は、今回のご発表を「治療構造の変更は、評価のわかれるところに立つことにこそ意義があるように思う」という言葉で締めくくられましたが、その言葉の意味は、そのようなところにあるように考えています。

◇評価のわかれるところに立つ

「失うことと掛け替えのないこと」

揖斐衣海先生には、二〇二〇年の春から始まった〈コロナ禍〉における日常生活と臨床環境の変化のなかでの体験についてリアルに語っていただきました。先生のご発表は、同じ時期の自分の実感とも重なり、まさに、私たちが〝揺れる世界〟で臨床を続けてきたことを振り返る機会となりました。

◇喪失

揖斐先生は〈コロナ禍〉以前よりオンラインで海外の大学や臨床機関での勉強や訓練を続けてこられており、〈コロナ禍〉への対処についても、海外の臨床家とのオンラインを通したつながりのなかで話し合い、距離は離れていても〝そのとき感じていた戸惑いやおそれ、喪失や無力感に触れていくための「安全な空間」がスクリーンを通して創り出された〟という体験を語っておられます。

◇見て見ぬふり

私たちがオンラインを用いた臨床をおこなっていく際に、自分自身が「オンライン」を媒介としたつながりでどのような経験をもっているかは、重要であると思います。〝当たり前の日常生活が変わっていくことに気づきながらも「見て見ぬふり」をし、日常の安心感が失われていくなか〟で、オンラインによって、物理的な距離は離れていても、情緒的に思いを共有し、「つながっている」という安心や信頼を自分の経験としてもっていることが、それをクライエントに提供する際の展望や希望につながるのだと感じました。

◆宙に浮いたような感覚

また、実際にオンラインを使用したときの「クリックひとつで面接を終了したときの、近くに感じながらも遠いような独特の感覚」「確実に存在しつつも、どこか宙に浮いたような感覚」という違和感をみずからの言葉で表現され、それを手がかりに海外のオンラインについての知見をたどっていくという姿勢に、たいへん刺激を受けました。

揖斐先生の臨床に対するそのような姿勢から、私は、精神分析的心理療法における身体感覚や非言語的なコミュニケーションについて考えさせられました。揖斐先生のご発表では「コミュニケーションの六五%は、非言語によるものだが、テクノロジーを介するとそのほとんどが失われる」という見解が引用されていますが、このような言葉からは、オンラインでの面接での交流では、奥寺先生が述べられていたように、通常のセッションよりもクライエントに対する同一化が生じにくくなるため、クライエントが感じていることへの理解や共感に、みずからの身体感覚や五感を用いて捉え、それを言葉にして共有していくことの大切さを再確認します。

当日、揖斐先生が提示された臨床体験のなかでは、クライエントからの〝共にその場にいる体験の喪失〟の訴えや〝セラピストの不在に対する反応〟を、「今、ここ」とともに、生育歴のなかの「環境の失敗」と重ね合わせて捉え解釈したことから、〝その二人にだけわかる親密さ〟を体験したことが記されています。オンラインのセッションにおいては、その「つながり」だけでなく、「つながっていない」という感覚に開かれていることで、その場が共有する現実になるように思われます。そこに、中間領域における「失敗」をも含めてかかわりを続けていく〝ほど良い母親〟による世話のひとつのモデルがあるように考えます。

◇中間領域における「失敗」

「距離、オンライン、会うこと」

山本雅美先生には、人と人が「直に会うこと」が失われたことによって、それがどんなに掛け替えのない価値をもつものであったかを再確認し、〝会うこと〟の意味を問い直していただきました。米国で長く精神分析の訓練を受けられていた山本先生もまた、コロナ禍におけるオンライン面接にいち早く対処した米国の動きをリアルタイムで受け取り、ご自身もまた、対面の面接からオンライン面接へと徐々に切り替えられたこと、そしてそこにはご家族の健康問題もかかわっていたことを述べられています。コロナウィルスは、高齢者や病いを抱えた人に重症化のリスクが高いことを思うと、このオンラインへの切り替えには切実な思いがあったことを想像せずにはいられません。

◇テレプレゼンス

さて、山本先生は、オンライン面接について、「会う *actual presence*」ことと「テレプレゼンス *telepresence*」について、また、対面関係とスクリーン関係の違いを述べられ、「見えないもの」をいかに扱っていくかといったことについて考察されました。私たちが、物理的には距離が離れている不在の他者と、どのようにして「一緒にいる」という感覚をもつことができるのか、それを山本先生は、米国の精神分析家エシッグ *Essig, T.* を引用し、通信テクノロジーにおける技術的な側面と、相手との関係に「注意」を向け、相手とかかわることへの「欲求」と「想像力」が必要であることを指摘しています。

◇スクリーン関係

この点については、揖斐先生も触れていらっしゃいますが、オンラインでつながった「スクリーン関係」の経験は、「画面を通して得られる情報の範囲内」でしか相手と会うことができず、生きてそこに「存在する」その人の全体性には触れあえないことから、「対面の経験」とは異なる文脈に置かれているということについて共に考えられる関係の構築の重要性を強調され、それは、「見えないこと」を捉えていくことであることを指摘されています。この点について山本先生は、父親の〈不在〉をめぐる三つの臨床事例を挙げ、実在するものの〈不在〉と、そもそも実体が存在しない場合の「ない」という〈不在〉について説明されました。そして、経験したことがないことを経験できるようになることがひとつの達成であることや、実体を伴わないものを捉えていくときの困難さが、オンライン上の「スクリーン関係」を捉えていくことの困難さと通じるものであると指摘されています。

◇「見えないこと」を捉えていく

私は、このことについて考えていて、北山先生が作詞された《あの素晴しい愛をもう一度》を連想しました。この曲のなかで、今は失われてしまったけれども、「あの」という言葉で特定することができる愛が確かに存在した場合と、そのような愛がそもそも存在したことがない場合とでは、「ないこと」の意味はまったく異なることでしょう。そして、「愛」は「合うこと」や「会い」でもあることを北山先生は指摘されています。(7)

◇掛け替えのなさ

山本先生は、この実体としての「会うこと」という掛け替えのないものを失うことを捉えることを抜きに、それを心のなかに留めることができない、ということを主張されています。そこには山本先生が、コロナ禍という「会うこと」を奪われたなかで病床にあるお母さまを思い、共に時間を過ごされたその掛け替えのなさと、お母様を失った体験を捉えていかれることで心のなかに留めていかれたご経験が重ねあわされていることを感じ、このような貴重なご経験をお聞かせくださった山本先生に感謝と敬意を表したいと思います。

「オンラインというleap、あるいはdistant psychoanalysis」

奥寺崇先生は、コロナ禍の遥か以前から、オンラインによるleap――ぴょんと飛んで距離を移動すること――によって、海外の臨床家によるセミナーやスーパーヴィジョン〔以下SV〕をはじめ、オンラインによる面接経験もおもちであり、そのご経験をもとに多くの話題を提供していただきました。

奥寺先生は、コロナ禍によってほとんど例外なく身に着けることになった「マスク」が心理的に与える作用について指摘され、精神療法は、本来「マスク」を外し「素顔」を見出していく営みであるにもかかわらず、治療の場においても「濃厚接触」を避けるべくマスクを着用するという乖離や矛盾が生じていることを指摘されました。「マスク」によって、私たちは互いに相手の微妙な表情を通して伝わってくる心の動きを隠されてしまうように、そして隠せるようになってしまったのだと思います。これは、コロナ禍がもたらしたオンラインとは別の、もうひとつの対人的な「距離」であると言えるでしょう。

奥寺先生は「オンラインの使用」によりセラピーでの営みにはどのような「質」の違いが生じるだろうか、と問題提起をされました。そして、セラピストとクライエントが同一の空間である「ここ」を共有していないオンライン面接においては、〝今・ここで *here and now*〟の関係性を扱うよりも〝定式化し再構成する〟という関係性へと傾くことは経験的にも避けられない、という印象があることを指摘されています。

精神分析的心理療法において「今・ここ」は、治療者とクライエントが交流し、転移や逆転移が生じそれを通してクライエントの心の台本が反復される「場」ですが、共にいるからこそ感じ取れるクライエントの情緒や、セラピスト自身のなかに生じる感覚などは、オンラインではつかみにくくなるでしょう。また、対面の面接では五感を通して為される

◇マスク

◇「今・ここで」の関係性

◇「定式化し再構成する」関係性

◇同一化

「同一化」の機制が、オンライン面接では脆弱となることから、セラピストの抱える機能が低下するのではないか、という懸念を指摘され、セラピスト・クライエント双方に、「対面」での面接にはない努力が求められると述べられています。

　このような点について、奥寺先生はウィニコットの引用から「精神分析的な訓練において最も重要な点は〔中略〕自らのアイデンティティを失うことなく患者と同一化する能力 *a capacity to identify with the patient without loss of personal identity*」であることを強調されました。(8) 中立性を保持しながら、クライエントの体験していることに感受性を開き、そこに生じているニードに、ほど良く対応するセッティングを提供するには、この同一化の能力とともに、適切な「見立て」が求められると言えるでしょう。

　奥寺先生が、オンラインでのセッションについて「従来の分析的な精神療法への適応可能性に加え、治療への同一化の不全を修復することが目的化することなく、あるいは新たに修復困難な傷を残すことがないかどうかのアセスメントが求められる」と述べられた点は、きわめて重要な指摘であると考えます。

5　オンライン面接　私の体験

ここで、私自身のオンライン面接の体験について述べたいと思います。

私は、大学の学生相談室と有料の相談室で臨床をおこなっていますが、これまでの訓練や臨床活動のなかで、オンラインを使用した経験はありませんでした。コロナ禍のなか、予想されてはいたことでしたが、四月七日に緊急事態宣言が出されキャンパスが閉鎖となった後、ケースは、しばらくの中断をはさんで、オンラインを使用しての再開となりました。

つながりの「場」としてのオンライン

オンライン面接をおこなって、まず感じたのは、安心して自分のことを話すための「場」を確保することの難しさでした。これまで「面接室」という物理的な場が、セラピストとクライエントにとっての外的な「抱える環境」として機能していたことに改めて気づかされました。

特に、コロナ禍にあっては、家族が在宅していることも少なくはなく、自宅であっても、必ずしも安心して話せる場が常にあるとは限りません。「家族」に聞こえるかもしれないという不安は、話せる内容を制限してしまうことから、「安心して話せる時間帯」に面接をセッティングしたり、クライエントが自宅の外に場所を移してオンラインに入ったりすることもありました。また、Wi-Fiのつながり具合によって、音声の聞き取りにくさや映像の乱れなどが生じ、急遽電話に切り替えるといったことも何度かあり、そんなとき、すぐそこにいるように感じていたクライエントが、実は離れたところにいるのだという現実に改めて気づかされた経験があります。

その一方で、オンラインは、セッションを固定された「場」の制約から自由にしました。これは、感染のリスクの回避だけでなく、遠方のクライエントや不規則な勤務体制のもとで働くクライエントにとっては、心理療法の可能性を広げるきっかけにもなると思われます。しかし、一定の条件がそろえば「どこからでも入れる」という設定は、やや万能的な感覚を助長することもつながるのかもしれません。また、共有する「現実」というものの実在性が希薄になりやすいことから、アンビヴァレントなものや葛藤といったものが目の前で起こりにくくなることも考えられるでしょう。構造の変更が、治療関係に及ぼす影響は、それまでの関係性やパーソナリティによって異なるため一概には言えないにせよ、考慮しておくべき点であると言えます。

◇実在性

オンライン面接における「境界」

奥寺先生、揖斐先生も言及されていましたが、オンライン面接が「日常生活の場にいながらにして瞬間移動*leap*して始まり、またある一瞬を境に終わる」ということには、私も戸惑いを感じました。あっという間に消えていく画面に、クライエントを置き去りにして姿を消してしまったような感覚や、画面とともにそこでのやりとりのリアリティも消えてしまったような錯覚に、私自身が襲われたこともあります。オンライン面接は、時間的には、きわめて明確な「境界」によって区切られ、そこに周辺部分を含まないという特徴があります。

◇周辺部分を含まないという特徴

その一方、いったんオンラインがつながると、セラピストはクライエントの日常生活に侵入することになり、部屋の様子、ペットやぬいぐるみ、外からの音などの個人的空間がセッションの背景になります。そして、時には、それらの「モノ」がセッションのなかに持ち込まれ扱われる対象にもなり、二人がすぐそばにいるような関係性の近さを印象付けたりもしますが、それは、セラピストの不在に対する躁的な防衛であるのかもしれないと感じることがあります。

◇不在に対する躁的な防衛

また、セラピストが自宅からオンラインでセッションをおこなう場合にも同様のことが生じるように感じます。普段、セラピストは、個人的なことをあまり開示しませんが、オンラインの背景にはセラピストのプライベートな領域が映りこんでしまうのです。それが「バーチャル背景」であったとしても「バーチャル」なものの向こうにどんな現実があるのか、という空想を掻き立てるものであるかもしれません。このような点は、健康度が高いクライエントにとっては、さほど問題にならないのかもしれませんが、転移が濃厚に生じている場合や、依存への退行が生じているような場合には、中立性の保持への意識が通常よりも必要となると考えられます。

オンラインのセッションでの交流について

それでは、このような構造上の変更は、そこでの交流の在り方にどのように影響するのでしょうか。私自身は、オンラインのセッションでは、対面での面接時に比べて、かなり慎重になっていると感じています。空間的に離れているということ、そこでのつながりのチャンネルが限られていることから、介入や解釈よりも、クライエントの言葉を聴き、理解していくことのほうに主眼を置かざるを得ないからだと考えられます。

　また、オンラインでの沈黙は「対面」での沈黙よりも不安や抵抗を伴いやすいように感じ、ある程度のところで質問をはさむなどの配慮をしているようにも思います。その結果、探索的な姿勢よりも支持的な姿勢でセッションに臨む傾向が強くなるようにも感じます。そ

◇探索的な姿勢と支持的な姿勢

◇ほどよい good enough 治療設定

れにより、ケースの展開は、通常よりも時間をかけた、ゆっくりと進展していくものになると感じるのですが、コロナ禍における中間的なセッティングとしてのかかわりのなかで、自分がクライエントを抱えていくための「ほど良い *good enough* 治療設定」とは、そのような姿勢であるように今は捉えています。

しかし、オンラインのセッションで心理的な交流が困難であるのかと問うならば、私はそんなことはないと感じています。上記のような境界の曖昧さや、やや慎重になりやすい傾向を踏まえたうえで言葉を交わすとき、画面の向こうには、これまで会ってきたその人が「いる」という感覚や、そのクライエントとつながっているという感覚があります。そして、私が向きあっているのは、画面のなかにいるその人だけではないように感じています。それは、これまでのかかわりのなかで二人のあいだに作られてきた情緒的な空間に内在化された、対象としてのクライエントであり、セッションのなかで私は、自分の内的な対象としてのクライエントを、パソコンの画面に映るクライエントに重ね、そのつながりのなかで捉えているように思います。そして、そこでの交流は、「対面」のときに比べればややぎこちないものかもしれませんが、それでも、その両者の心が触れあうところがあり、共に生きて考えている、という思いを抱くことができる余地が保たれていると感じています。

コロナ禍によって当たり前のようには人に会えなくなった今、オンラインは、感染のリスクなく、人と人とのつながりを維持し、つないでくれる貴重な媒体となりました。しかし、そこでのつながりには、それが「対面」の関係とは異なるものであることから必要となる配慮や、セラピスト・クライエント双方がより多くの点で協働して心を扱っていくことのできる関係を築くことが、いつにも増して重要であると言えるのでしょう。

安定した治療構造のなかで〝会うこと〟を回復していくにはまだ時間がかかりそうであり、もうしばらくは、マスクやオンラインという「距離」に隔てられた関係が続いていくのでしょう。前途が多難であることを思わざるを得ませんが、それでもこのようなかかわりを丁寧に重ねていくことが、ひとつの「実態」となって人を支え、生き続けていく糧となっていくことを願わずにはいられません。

6　おわりに

コロナ禍のなか、急遽始まったオンラインでの面接に戸惑っていた時期に、このシンポジウムを企画してくださった北山修先生と荻本快先生に心より感謝申し上げます。当日を振り返り、シンポジストの先生方それぞれがみずからの臨床における「ほど良い治療設定」を模索していることを改めて感じ、当日を振り返りながら、自分の体験も含めて書かせていただきました。このような先の見えない状況のなかにあっても、「私」を抱える環境として、共に学ぶ場がありますことに感謝申し上げます。

(1) Freud, S. (1931)「治療の開始のために」『フロイト全集13』岩波書店
(2) 小此木啓吾 (1961)「精神分析の展望――主として自我心理学の発達をめぐって」精神医学3: 651-669.
(3) 小此木啓吾 (1964)『精神療法の理論と実際』医学書院
(4) 小此木啓吾 (1990)「治療構造論序説」岩崎徹也編『治療構造論』岩崎学術出版社 pp.1-44.
(5) Winnicott, D.W. (1986) *Holding and Interpretation.* The Hogarth Press& The Institute of Psycho-Analysis. 北山修監訳 (1989)『抱えることと解釈』岩崎学術出版社
(6) 北山修 (1990)「構造と設定――小此木の『構造』」『治療構造論』岩崎学術出版社 pp.217-231.
(7) 北山修 (2014)『意味としての心――「私」の精神分析用語辞典』みすず書房
(8) Winnicott, D.W. (1958) *Through Paediatrics to Psycho-Analysis.* Tavistock.　北山修監訳 (1989)『小児医学から児童分析へ』岩崎学術出版社

［終章］

不在の部屋と身体——「映し返し」が起きるところ

荻本快

1 コロナ禍によって失われたもの

◇治療設定

治療設定 *therapeutic setting* あるいは分析の枠組 *frame* という言葉があります。これは精神分析的臨床をおこなうにあたって、患者・クライエントと治療者が交渉をし、セッションがいつおこなわれるかという時間的枠組、セッションの頻度、カウチの使用や料金といった物理的な状況や精神分析的な接触および治療者の役割を定め、維持することだと考えられています[1・2・3]。

コロナ禍において精神分析的な臨床家は、治療者が準備する実在の部屋で会うという治療設定の変更を検討しなければなりませんでした。電話での臨床や、オンラインのテレビ電話を使用した遠隔（リモート）セッションへの移行です。一方、日本でおこなわれている精神分析的な臨床には、「治療構造」という考え方があり、これに沿うと、物理的な状況は治療の構造であり、動かしがたいものになります。同じ場所で同じ時間に会うことを繰り返すからこそ、時間を超えて見えてくるものがある。日本の治療者のなかには、この治療構造という考え方に基づき、遠隔の臨床に変更するかどうか葛藤した臨床家も多かったのではないでしょうか。治療の設定を変更することは、継続してきた作業の一部分あるいは大部分を失う危険が伴うからです。これは私たちの仕事のプロセスや成果に関わります。

コロナ禍によって、私たちの生業の要素である「治療設定」を変更せねばならなかった。ここには強制的なものもあったかもしれません。それによって患者やクライエントと積み重ねてきた何かが失われてしまったことも、忘れないでいたいと思います。私の同僚のなかには、治療が中断したり、臨床の仕事そのものを失った人もいました。こうした変更によって、それまでクライエントと治療者が継続していたものが奪われた、その喪失感や憤りを、十分に受け止め、作業する機会やプロセスが求められます。アブラム *Abram,J.* が述べたように、治療設定の変更によって何が失われ、どのような気持になったのか、そういった「喪の作業」を経ることで初めて、設定の変更によって得られたことが見えてくるのかもしれません。(4)

◇喪の作業

私が臨床をしている日本の首都圏では、二〇二〇年春の第一波のときに、設定の変更を迫る状況がありました。私は局地的な事情から、緊急事態宣言の前にオンラインの臨床に移行しました。蓄積してきたセラピーの作業をいったん休止して、設定の変更を検討しなければならず、変更した後はその反応を取り扱うことになったのです。そこまで積み重ねた作業を休止することを、残念に感じる方もおられました。

治療設定の柔軟性について北山が、フロイトの「鼠男」の事例において、分析者が患者と食事をしたり、葉書や写真のやりとりをしていたことを紹介しています。[5] このように、精神分析の黎明期には設定が柔軟であったことを、この災禍の時期に考え直したいと思っています。「反復されるはずの原則とは、実際は柔軟に使い分けられているのであり、原則と実際の摩擦は自然なこと」[6]だと考えると、その取り扱いが治療には求められます。精神分析的臨床では、設定を一定にすることだけでなく、実際に設定を変更した際には「原則と実際の摩擦」を含めて考えていく、そうした柔軟な姿勢が必要なのかもしれません。

本章では、コロナ禍におけるオンラインの遠隔セッションへの移行から、対面のセッションの再開をしたサイコセラピーの事例を紹介し、その過程をウィニコット *Winnicott,D.W.* の「映し返し *mirroring*」[7]の観点から考察します。そして、部屋と身体が実在していた意味について述べたいと思います。

2　コロナ禍が夢に与えた影響

フロイトは夢を分析することが無意識を理解していく入口になると考えました。私が週に一回、対面のサイコセラピーでお会いしているクライエント（Aさん、成人女性）が二〇二〇年四月の緊急事態宣言の直前に報告した夢は、無差別殺人をする犯人が出てきて、多くの人が死ぬというものでした。私たちは三月の中旬からオンラインのテレビ電話によるセッションに移行しました。その初めての回で、Aさんはかなり動揺し、「変な感じ」や「先生が遠い」と言います。そしてAさんと私がオンラインセラピーの影響について話していくのと並行して、首都圏では、亡くなる方や重症者の数が増えていきました。

無差別殺人の夢（〈　〉は治療者の発言）

夢をみた。怖かった。場面は小学校。事件が起きる。変な人が来て、周りにいる人を倒していく。隣の教室にそれが出て、私たちは逃げようと階段をジャンプして降りていくんですけど、下がったところで、上に居たはずの犯人が下にいる、みたいなところで目が覚めた。変な人は、グレーのスーツを着た女の人、二十代、若い感じの、おばさんみたいな感じもあった。武器はカッターを持っている。かまいたちみたいに、刃は見えない。――〈狙っているのは誰？〉――無差別みたいな感じ。――〈その女の人は誰なんだろう〉――こじつけですけど、コロナかなって。――〈コロナはAさんの何を傷つける？〉――周りの人かな。夢のなかで被害にあっていたのは知らない人。倒れている人たちは亡くなっているかわからない。確実に亡くなっていたのは、知らない男性――〈知らない男性？〉――最初に襲われた教室にいた、先生みたいな、ふとっちょの、男性の人。

私がその教室にいて、誰かと話していたら、「カッター持っていた人が隣の教室に現れた」と言われて、そうしたら教室の扉が開いて、犯人がこっちを見てる。そしたら、そのふとっちょの人のところに生首が落ちてくるんです。――〈犯人が自分という可能性は？〉――それはないと思う。持っていない服だったし。最初の犯人だけ見たら、それもあるのかな、と思うけど、最後に見た犯人はもうちょっと化け物っぽい感じだった。基本的には人間だけど、腕とか足とか長くてマッチョみたいな……［隣の部屋をうかがっている様子］――〈どうしましたか？〉――今日、子どもたちが家に居て――〈あ、そうなのね〉――［今回から子どもたちを学童保育に預けないことにしたことが明かされる］――一時間だけなら子どもたちだけで過ごせると思った。突撃されたら不安ですけど。

◇不気味なもの

この夢が語られた二〇二〇年四月の時点、十二月現在に比べれば、新型コロナウイルスというものは、得体のしれない不気味なものでしたが、そういったものへの恐ろしさや不安が夢に現れているように思えましたし、ご自身でもそのように分析しておられました。私はセッションの後、「ふとっちょの先生みたいな人」は私なのだろうなと思っていました。すると次の週、Aさんはセッションを連絡なく休みます。これは三年目になるセラピーで初めてのことです。その次の回のセッションでAさんが語ったのは、時間が過ぎてから、自分が失念していたことに気づいた、ということでした。

〈私を殺した気分はどうですか〉——はい……〔緊急事態宣言が出て子どもを学童保育に預けづらくなったときに、セラピーをやめることを考えたことが明かされる〕——でも、一時間だったら子どもたちだけで過ごせるかなって思って。——〈お子さんたちを預けづらくなっていたことや、先々週からお子さんを預けないことを決めたこと。ここではお話になりませんでしたね〉……〔泣〕……〈Aさんはセラピーを辞めなければいけないかと思った。そういったこともここで話せなくて、お一人で抱えていらしゃった。ここだけでなく、Aさんはいろいろなことを、一人で抱えてきたのではないでしょうか〉……〔泣〕

私はAさんの夢、セッションの失念、そしてコロナ禍で学童保育に子どもを預けづらいことを話すことができなかったことを知りました。そして、治療の設定はクライエントと治療者の協働作業で設立していくものであることを、このセッションで強く認識したのです。後で「内的設定」と「外的設定」に関する箇所でも述べますが、コロナ禍のように、何らかの事情で物理的な治療設定が損なわれるときに、臨床家は分析的な過程が維持されるよう、[8・9] クライエントが自宅で独りになれるような場所や時間はあるのか、ZoomやSkypeといったアプリケーションを使用できるのかといったこと、そして遠隔でセッションをおこなう困難について話し合い、クライエントが話しづらいことも含めて、取り扱っていくことが大切なのだと感じました。

この後、Aさんは、自分の母親は抑うつ傾向があり、幼少期から母親から愛されている実感や可愛がってもらった感覚がないこと、両親が共働きをしていたので独りで両親の帰りを待っているのが日常であったこと、そして「独りで我慢してしまう」ことが私とのあいだでも繰り返され、反復される、ということについて話していきます。

3　不在の部屋と身体

北山は『劇的な精神分析入門』や本書一三頁で、シャルコーのヒステリーに関する講義の絵を示しながら、精神分析的な臨床が「劇的」であると述べています。[10・11] 劇的観点では、人生を劇として捉えて、心には台本があり、人間は相手役を変えながらその台本を反復するものだと捉えています。もし心の台本が悲劇になっているのであれば、読み取ったほうがよい。自分が演じている劇を読み取るためには、演じているだけではなく、楽屋に入り、誰かと共に眺めて、それについて考えることが必要です。セラピスト、精神分析家と呼ばれる人たちと、自分の人生を眺めて、物語として読んでいくことが、悲劇からおりること

◇本書 p.12「無意識が垣間見せる台本」を参照

◇劇的観点

◇心の台本

につながっていきます。

精神分析的な臨床が、「劇的」であることを生かしながら人間の心を理解し治療していく営みだと考えると、シャルコーの絵のように、患者と臨床家が物理的・身体的に同じ舞台に立っていたことや、同じ部屋に居る観客に二人が観られていること、そして患者と臨床家も観客を観ていて、観客もそれを感じていることが、大きかったのではないかと思います。物理的・身体的に同じ舞台に居ることで、「劇的」な何かが生じやすくなる、ということなのか、あるいはインターネットによるやりとりでも、劇化するものがあるのか、関心をもっています。

コロナ禍におけるインターネット上の「劇」の例として、テレビ電話を使用してリモートで劇をした劇団の人たちもいました。ご覧になった方もいらっしゃるかもしれません。

リモートでおこなわれた劇

Aさんも、動画配信サイトで「リモートでおこなわれた劇」を観たことをリモートのセッションで報告します。オンラインでおこなわれている会議を題材にしたもので、会議の委員は全員出席しているように見えるが、じつは何人かの委員は退席しており、テレビ電話の背景に自分が頷いているフェイクの動画を使用している。その状況で会議が進んでいくという内容だったそうです。そこで、Ａさんにとってオンラインに移行したときはどのような体験だったのかを改めて聞くと、次のように答えられました。

部屋も違うし、オンラインだし、最初「変な感じ」って思った……〔泣〕。ヴァーチャル感、にせもの感が強かったと思います。一応〔画面を指して〕（治療者が）いますけど、ここは自分の家だし、聞こえてくる音とかも違うから。――〈オンラインになって自分はどうなったと思う〉――なんだろう、一歩離れてる？　たぶん実際に会っているのと比べたら、言わなかったりとか、セーブしたこととかあった。セーブしやすいっていうか。離れているから、切り替えられるのかな。オンラインを始めた時から、一人だけど、一人じゃないから、変な感じがあった。――〈その観点から言うと、実際の部屋の体験はどうだったのだろう〉――二人いるから。――〈切り替えられるっていうのは、何と何の切り替えですか〉――あの場に居るときが、潜っていく感じだとしたら、オンラインだと途中で戻ってくるみたいな「この先行くのやめておこう」みたいな感じになりやすい。仮想的には二人だけど、実際には私一人だから、謎っていうか。オンライン上は二人だけど、（実際には）一人で、自分の手はここにあるから、何か変だな、みたいな。――〈オンライン上と実際のあいだのずれ、のことをおっしゃっていますね〉――その部屋にはいない、みたいな。これ〔画面を指して〕が仮にヴァーチャルでも、確かめようがない。――〈それは私（治療者）がヴァーチャルということ?〉――そうです……〔泣〕……信じるしかないけど、それはできちゃうから、技術的には……〔泣〕……そういう点で、幻覚だとか、妄想とか持っている人からすると、これがどっちかわからないっていうことですよね、だからつらいだろうな、苦しいよなっていう……〔泣〕……夢とかも、あれは夢だったのか、現実だったのか、よくわからない感覚になることがあるんですけど、どっちかなっていう。

このように、治療者が存在しているのかわからないので、画面上の治療者に向かって話していると、自分自身の存在もわからなくなる、とおっしゃいます。Aさんは遠隔でのセラピーに移行してからの三ヵ月間、治療者と自分が確かに存在しているのかわからない、という感覚や疑惑を抱えていたのです。オンラインのセッションに移った初期に語られた無差別殺人の夢は、目の前から居なくなった私や、彼女にとって安心して話すことのできる部屋といった設定を奪われ、Aさんのなかの何かが失われ損なわれる恐怖や怒りが表れていたのかもしれません。

私たちは、こういった事例を重ねながら、遠隔のセラピーによって人間の心の無意識や反復、そして転移といったことがらが、どのように現れるのか、考えていくことになると思います。

英国精神分析協会のファカルティとして精神分析を実践しておられる阿比野も、オンラインの精神分析で早期の剥奪経験が再現することを指摘されました[12]。また、米国のパンデミック下でオンラインの精神分析の実践をなさってこられた辻河は、患者がオンラインの精神分析で「本物ではない感じ」を体験した事例を報告しておられます[13]。ウィニコットに関する多くの著書がある英国精神分析協会のアブラムも、コロナ禍における遠隔の分析によって、乳児期の転移 *infantile transference* が活性化すると述べています[14]。

北山は、「反復」について説明するなかで、心の柔らかいうちに書き込まれた台本が現在の治療関係においても反復される、と述べています[15]。コロナ禍によって、これまでの治療では潜伏していた「心の台本」がさまざまに浮上しているように思われます。私たちの仕事が「心の台本」を読むということである、という原則に立つとすれば、私たちはこのコロナ禍において、患者・クライエントそして治療者のどのような反復が浮上しているのか、どのような「心の台本」が新たに読めるようになってきているのかを理解しようとすることが、私たちの精神分析的な臨床において大切なのかもしれません。

◇早期の剥奪経験

◇本物ではない感じ

◇本書p.14「『心の台本』を読む」を参照

4　部屋と臨床家が実在して対面していること

Aさんが教えてくれたのは、実在の部屋にクライエントと臨床家のどちらもが居て、対面し向かい合っていること、ということの意味でした。これを失うことで、自分が存在しているかどうかもわからなくなるのです。ウィニコットは、精神分析がおこなわれる部屋とその物理的な温かさや快適さ、そしてカウチについて、次のように述べています。(16)

神経症の人にとっては、カウチ、そして温かさと快適さは母親の愛の象徴である。精神病の人にとっては、これら〔カウチ、そして温かさと快適さ――引用者補足〕は、分析家の身体的な愛の表現、というのがより真実だろう。カウチは分析家の膝や子宮であり、温かさは分析家の身体の生きた温かさなのである。(17)

たとえオンラインのテレビ電話によって画面上にお互いの上半身が映っていても、カウチやソファは失われており、実際の部屋の温かさと快適さも失われています。これは、神経症のクライエントにとっては象徴的な母親の愛を失ったような経験となり、ウィニコットの言う精神病のクライエントにとっては、分析家の膝や子宮、そして分析家の身体の温かさが無くなったのに等しい経験となると言えます。

また、ブレガー *Bleger,J.* は、患者による母親の身体への最も原始的な融合感覚が、分析的な設定に対して生じると述べています。[18] Aさんのように、オンラインの遠隔セッションに移行したことで分析状況における部屋やソファ、そして治療者の身体といった要素が失われ、クライエントの融合感覚が減少したことで、実在の部屋でセッションをしていたときには気づくことのなかった原始的な母親への融合が、これらの治療設定を失ったことで明らかになった、と言うことができるかもしれません。

◆原始的な母親への融合

5 映し返し

ウィニコットは「私が目を向けるとき、私は見られている、だから私は存在する」[19] と述べています。Aさんが言った、臨床家が目の前に物理的・身体的に居らず、ヴァーチャルな関わりをもつと、自分が存在しているかどうかもわからなくなる、というとき、何が起きていたのでしょうか。

ウィニコットが指摘してきたように、患者は対象として分析家がそこに居ることを使用しますし、子どもは母親がどのように自分を見ているのかを感じることによって、自己を見出していきます。彼は母子のあいだの「映し返しの関係」について次のように述べています。

赤ちゃんは、母親の顔に目を向けているとき、そこに何を見ているのだろうか？　私が思うに、赤ちゃんがそこに見ているのは、普通、自分自身なのではないだろうか。言い換えれば、母親が赤ちゃんに目を向けているとき、母親の様子がどんなふうに見えるかは、母親がそこに何を見ているのかと関係がある。[20]

これに基づきオグデン *Ogden, T.H.* は、母子における映し返しの関係において、母親は乳児の内的状態を認識し、その内的状態に同一化することが起き、それを映し返しされる乳児はその鏡像のなかに他者としての自分をみる、こうして乳児に最初の主体がうまれていく、と述べています。[21] 元来は母親である他者による映し返しの仲介によって、初めて乳児は自分の身体に対する空想をもつことができる。これが母親とは離れた「自己」というものの、最初の心的イメージとなるというのです。この身体に関する空想は、自己を対象として認識すること *"me"* につながっていきます。[22·23]

Aさんは、治療設定に含まれる治療者の身体が向かい合って存在していることを用いて、

◇同一化
本書 p.20「精神分析的治療の起承転結」、p.122「プロセスのデジタル化への further thoughts」を参照

そこに自分の身体が映し返されていることを感じ、自分が物理的・身体的に在ることや、自分の存在を確かめようとしていたと思われます。

実在の部屋での対面セッションの再開

第一波がおさまろうとしていた七月上旬に、Aさんと私は実在の部屋での対面のセッションを再開することにします。セッション再開の週、日本列島には大雨が降り続いていました。Aさんは時間どおりに来て、席に座る前にタオルを椅子の座面に敷き、そこに座りました。

話し始めると、彼女は少し高揚した様子で、職場の感染症対策の不安や、家にカビが生えたという話、そして実家の近くの川があふれたので心配だ、という話をしていきます。

〈……現実の私に会うと、川があふれるみたいに圧倒されるような感覚がありますか〉――多少、（治療者が）ふくよかになったのかなと思うけど、いつもこのサイズだったから［携帯電話のサイズを示すジェスチャー］、ヴァーチャルかな、という心配をしなくて済む。実体だなって。――〈私が実体というのはどこで感じるのですか、ふくよかさ？〉――うーん、全身がある。――〈私の全身があるということ、実体感というのを、説明してもらえますか〉――このサイズ（携帯電話）におさまっていないから、うーん……［沈黙］……スマホの画面より、立体的だから（雰囲気がやわらかくなったように感じる、安心し始めているのだろうか）。顔を見たら、目線が合うから。隣の部屋も気にしなくていいし、この場所だからだと思う（さらにやわらかくなっている）。――〈ほっとする感じ、安心をあまり感じないように、安心感をおさえていましたか〉……［泣きはじめる］……〈いろいろな心配を言わなければならないくらい、実体・立体の私と会うのはそれだけ強い経験になるのかもしれないですね〉……［涙と鼻水があふれ出る］……〈今はAさんと目線が合う私ですが、その体験の違いが言葉に出来ますか？〉――オンラインだと、［涙］……泣きそうになっても、おさえ、我慢できるけど、ここだと、抑えないから、それが安心していることなら。――〈涙があふれるわけですね、実体の私・立体の私がいて〉……はい。――〈驚くかもしれませんが、聞いてもいいですか？　座るときにタオルを敷いていましたが、それは、安心やあふれることと関係がありますか〉――来るのに、雨でジーンズが濡れたから、濡れるかなと思って。――〈……濡れないようにしていますか？〉（少し挑戦的な笑みを浮かべながら）泣くかなと思ったので、タオルを持ってきました。――〈……濡れることを許しているのですね。濡れることを……そういうあなたがいるのですね〉……［涙が再び出てくる］……来るとき雨降ってたけど、小雨だったから、「ちょっとくらい濡れてもいいかな」って。――〈ちょっとくらい濡れてもいい……ここはそういう場所なんですね〉……［頷く］

「先生と目が合う」と言っているように、私に観られているときには、Aさんも私を観ています。治療者が眼前に居て、治療者の眼差《まなざし》を感じることで、治療者が自分を観ていることがわかり、それによってAさんは「自分が存在している」感覚を得ていたのだと思われます。また、「(治療者の)全身がある」というところから、Aさんが求めていたのは「自分自身を映し返せる顔[24]」だけでなく、自分自身を映し返すことができる母親の「身体」だったのかもしれません。離れて座っている治療者の全身をクライエントが観察し、治療者が「クライエントが居る」と感じていることを観察して、それを通してクライエントは「自分が居る」ことを認識します。つまり自分の存在を確認しているのだと考えられます。

このヴィネットで私が主眼としている「映し返し」は、治療者がクライエントに対して言っていることではなく、むしろ括弧(　)・「　」のなかに書かれている、治療者がクライエントの様子を観て体験していることがらです。治療者はクライエントの内的状態を認識しようとし、あるいは同一化しようとしており、このときに「映し返し」が起きていると言えます。クライエントは、治療者の身体に映し返されている他者としての自分を観ることになります。

◇相互の観察

このような「相互の観察[25]」について、デ・トフォリ *De Toffoli* は、「分析的作業というのは、分析家と被分析家の心と身体の間の相互接続 *interconnections* と相互の映し返し *mirroring* なのだ。それは自己と他者が、『わたし』と『あなた』のあいだの会話として現れる変形が生じることや、夢みることへの潜勢力 *potential* を秘めている」[26]と述べています。実在の部屋の中で、クライエントと治療者が『わたし』と『あなた』と呼び合いながら相互に映し返しをすることで、クライエントの心の台本における自己と他者が、クライエントと治療者が続ける会話のなかに現れていく、劇化されていく。

◇相互の映し返し

6 内的設定

英国における精神分析の臨床において〈内的設定 *internal setting*〉[27・28・29・30]という考え方が注目されています。これは分析家が頭の中に持っている設定のことで、分析家が拠って立つ理論を含むものです。チャーチャー *Churcher* は内的設定について、外的（物理的）設定が何らかのかたちで損なわれたとき、内的設定が分析的過程 *analytic process* を維持したり、回復したりするために不可欠なものとなる、と説明しています。[31] 物理的・身体的な設定である外的設定の破損に直面すると、分析家はその設定を回復させようとします。これは、分析家が破損していない設定を頭のなかにもっているからこそ可能になります。[32] 治療者の心のなかにあ

◇本書 p.227〜「問答」を参照

◇外的設定

◇分析的過程

る内的設定が破損した外的設定を補おうとし、分析的過程を維持しようとするのです。

　実際には、クライエントと治療者の両方の心のなかで、外的設定と内的設定の絶え間ない交換 *continual exchange* が起きているようです。[33] 北山の心身両義性から考えると、[34]「会うこと」や「合うこと」をめぐる身体的・生理的感覚も、認識のなかで「会うこと」や「合うこと」と交換しあっているはずです。オンラインへの移行のときに、テレビ電話を使うのか、あるいは電話にするのか、お互いの姿を画面に映すのか、音声のみにするのか、こういった外的・物理的設定について話し合いながら、「会うこと」や「合うこと」をめぐるクライエントと治療者の認識があらわになっていく、形象化していくのだと思います。

◇本書p.23「さまざまな『あい』が形象化される」、p.97〜「オンライン臨床におけるクロスモーダル体験」を参照

　Aさんとのセラピーが教えてくれたように、オンラインや電話のセッションにおける「合っていないこと」「変な感じ」「嫌だ」といった設定に対する違和感を協働的に語り合っていくことが、パラドキシカルに、内的に「あうこと」につながっていくのかもしれません。本書の各章でおこなわれた、「コロナ禍における精神分析的臨床とは何なのか」という議論は、内的設定を捉え直す試みだとも言えます。

　今後、「あうこと」をめぐる外的設定と内的設定の交換に関する理論や技法がさらに発展するなかで、精神分析臨床において「会うこと」とは何なのか、考えていきたいと思っ

ています。

最後に、掲載を許可していただいたAさんに、感謝と敬意を表したいと思います。

※本章は、北山精神文化研究所 Webinar『(ネット時代の)劇的精神分析入門』における指定討論「コロナ禍で浮上する『心の台本』——方法としての言語化について」〔二〇二〇年十一月二日〕を改訂したものです。

(1) Bleger, J. (2013) Psychoanalysis of the psychoanalytic setting. In (Eds.), J. Churcher & L. Bleger. *Symbiosis and Ambiguity: A Psychoanalytic Study*. Routledge, pp.228-241.

(2) Winnicott, D.W. (1956) On transference. *The International Journal of Psychoanalysis,* 37: 386-388.

(3) Lemma, A. (2014) The body of the analyst and the analytic setting: Reflections on the embodied setting and the symbiotic transference. *The International Journal of Psychoanalysis,* 95: 225-244.

(4) Abram, J. (2020, December) Psychic survival-of-the-object in the context of Covid-19. University College London. A Virtual Conference on Psychoanalysis and the Pandemic.

(5) 北山修 (2007)『劇的な精神分析入門』みすず書房

(6) 北山修 (2007) p.102.

(7) Winnicott, D.W. (1971) *Playing and Reality*. Tavistock.　橋本雅雄・大矢泰士訳『改訳 遊ぶことと現実』岩崎学術出版社

(8) Churcher, J. (2005, September) Keeping the psychoanalytic setting in mind. Paper given to the Annual Conference of Lancaster Psychotherapy Clinic in collaboration with the Tavistock Clinic, at St. Martin's College, Lancaster.

(9) Churcher, J. (2019, July) Going to sea in a sieve: 'remote analysis', the internal setting, and disavowal. Paper given to a Panel on 'Confidentiality as a container-Clinical and theoretical issues' in 51st Congress of International Psychoanalytical Association, London.

(10) 北山修 (2007).

(11) 北山修 (2021)「劇的観点から心を扱うこと――コロナ禍の『どさくさ』に紛れて」『コロナと精神分析的臨床――「会うこと」の喪失と回復』木立の文庫 pp.1-13.

(12) 阿比野宏 (2020)「コロナ禍における精神分析的精神療法について―その実践と治療関係の理解：ロンドンでの経験を通して」日本精神分析学会 教育研修委員会特別企画「ウィズ・コロナの時代の臨床実践」十月二十四日

(13) 辻河昌登 (2020)「ニューヨークにおける遠隔精神分析の経験――阿比野宏先生のご発表へのコメント」日本精神分析学会 教育研修委員会特別企画「ウィズ・コロナの時代の臨床実践」十月二十四日

(14) Abram, J. (2020).

(15) 北山修 (2007).

(16) Winnicott, D.W. (1949) Hate in the counter-transference. *International Journal of Psychoanalysis*, 30: 69-74.

(17) Winnicott, D.W. (1949) p.72.

(18) Bleger, J. (2013).

(19) Winnicott, D.W. (1971) p.157.

(20) Winnicott, D.W. (1971) p.153.

(21) Ogden, T.H. (1994) *Subjects of Analysis*. Karnac.

(22) Ogden, T.H. (1994).

(23) De Toffoli, C. (2011) The living body in the psychoanalytic experience. *Psychoanalytic Quarterly*, 80(3): 596-618.

(24) Winnicott (1971) p.159.
(25) Lemma (2014) p.228.
(26) De Toffoli (2011) p.600.
(27) Churcher, J. (2005).
(28) Churcher, J. (2019).
(29) Temperley, J. (1984). Settings for psychotherapy. *British Journal of Psychotherapy*, 1: 101-111.
(30) Bridge, M. (2013) Moving out: disruption and repair to the internal setting. *British Journal of Psychotherapy*, 29(4): 481-493.
(31) Churcher, J. (2019).
(32) Churcher, J. (2019).
(33) Churcher, J. (2005).
(34) 北山修 (1988/2018)『心の消化と排出——文字通りの体験が比喩になる過程』創元社/新版:作品社

［問答］

精神分析的に束ねる——三角関係化に向けて

北山 修
荻本 快

◇荻本　今日はよろしくお願いいたします。この本は、「コロナ禍でオンライン・遠隔の臨床や分析が増えるのではないか」という問題意識から始まりました。

北山先生の章のなかで「十五年くらい前に米国の臨床家が中国での精神分析の実践と訓練をリモートでおこなおうとしたときに、オーソドックスな精神分析家たちが激しく非難した」という経緯が書かれていました。一方で、今回のコロナ禍で、欧州のオーソドックスな精神分析家たちがやむを得ず「遠隔」の臨床に入っていったわけですが、先生はこの十五年前の議論をどのようにご覧になっていたのか、そこからうかがいたいと思っています。

北山　十五年前の当時、オーソドックスな形を維持しようとする古典的フロイディアンといった守旧派と、米国のオンライン推進派の差は鮮明でしたよ。

中国だけでなくてあちこちで試みられていました。リモートアナリシスだけではなく、シャトルアナリシスといって、訓練分析家が三ヵ月間、現地に赴いて、また交替して被分析者の方が分析家のところに滞在するなんていうアイデアもありました。お互いに通い合うといった分析のあり方ですね。あるいは一日に二回セッションをやるとかですね。そういうことって、例外的におこなわれていたんですよ。ブラジルとか広大な地域を旅しなきゃいけないところで、それが出来ればいいなぁ……とかね。

しかしそれはマイノリティで、主流はヨーロッパで実践されているようなきちんと通ってくる週四回ないし五回の分析でしたし、フランスでは三回でもいいじゃないかという例がありますけど、若干異同が生じながらも主流はオーソドックスなやり方を主張していました。

それが今回、コロナで急にリモートの必要性が広がって、議論がひっくり返ったような感覚を持ちましたね。ただ、ヨーロッパの人たちのなかには、前からときどき、スカイプでやったり、日本に滞在するあいだだけリモートでやっている人たちがいたので、「ちょっと気楽だな」って思ってました。日本人は真面目で、「やっちゃいけない」となるとやらないし、ちょっとのあいだ使うだけでも、えらく「違反」したような感覚をもつ。コロナで話題になっている、いわゆる同調圧力っていうのに、日本人はやはり敏感だなと思っていました。

◆ヨーロッパの守旧派であっても、リモートでときどきやっていた一方で、日本の分析家・臨床家は、禁を破るような感覚があった。ここで「気楽と真面目」という対比が出てきました。今回のコロナ禍におけるリモートの分析に関する議論でも、日本のなかで「真面目」な反応があったとお考えでしょうか？

真面目な反応って言っても、いったいどのレベルにおいて語るかということなんだけど……表向きだけかもしれません。実際は、精神分析をやっている人というのは、比較的、独自なスタイルをもって、自分らしく実践している人たちがほとんどだと思うんですよ、だから、こういう人たちが主流だとか、こういう人たちが推進派だと言うのは、部分をとらえて全体を把握していないと思います。

むしろ、日本人のアクセルとブレーキの両方を踏んでいるのを「中途半端さ」として全体を捉えるなら、よく見ると、アクセルを六〇%でブレーキを四〇%にしてちょっとずつ進んでいるというような「微調整」をしていて、それぞれにおいて個性的なんじゃないですかね。

特に今、全体を捉えて「最近こういう傾向にある」といったことを絶対に言えない状況を、目の当たりにしているんじゃないのかな。今日やっている実践のありようは明日にも変わるかもしれないしね。あまり、「こういうことが起こってますから、これについて語ろう」というように、このありようの外に出て私たちのやっていることが語れるほど、何か確実なことが起きているようには思えないんですけどね。

例えば、この一年間政府がやったことも、先においてはどういう風に評価されるかは、これから起こることにも係っているような状況でしょ？　だから、「語りにくい状況」というのが現状認識なんじゃないですかね。

◇　この「語りにくい状況」というのが、精神分析的ともいえるし、〈中間領域〉の話とつながっていくような気がしています。「〝語りにくさ〟のなかにどう臨床家が居続けるか」「評価の分かれるところに立つ」というのが、シンポジウムで先生が提示されていた態度だったかと思います。一方、ウィニコットも「語りにくいところに居続ける」ということを言っています。先生も章のなかで触れておられるように、彼の言い方や考え方にそれが表れている。これは「内容」ではなく言い方や考え方の話だと思うんですね。コロナ禍をどう考えるか、というより、「どう、いるか」ということ。

これはウィニコットのオリジナルなものかもしれないし、精神分析が元来もっていることかもしれないと思います。この割り切れなさ、まとまらなさ、中途半端さというものは、すごく言葉にするのが難しい。

そうですね。

◇ 北山先生は、中間領域的な存在として「コブのない駱駝」とか「鵺《ぬえ》」とか「スフィンクス」ということをおっしゃっていて、『評価の分かれるところに』の本では、「兎でもあり亀でもある」とおっしゃっています。先生が〈中間領域〉を語られるときは、中間領域に「ついて語っている *talking about*」というより、「なっている *becoming*」、つまり、中間領域になって語っておられるように思うんです。

先生にうかがいたいのは、ウィニコットもそうだったんでしょうか？　ということなんです。ウィニコットも中間領域に「ついて」語っていたのか、ウィニコットも中間領域に「なって」語っていたのでしょうか。

〈中間領域〉的な人だったと思いますよ。言い方や考え方のことも、移行対象論のこともそうだけど、中間領域的に語っているし、断定的に言わないで中間的にそれを定義するというあの頭のありようや言葉遣い、形になっているありようは、ウィニコット自身の在り方とすごく関係があるように思います。

そして小児科医という、一方で医者なんだけど、児童分析もおこなう。「小児医学から精神分析へ」というタイトルに象徴されるように、あるいは「遊ぶことと現実」もそうですし、「抱えることと解釈」もそうですし、「あれとこれと」を常に標題に掲げて自分を位置づけた人だと思います。さらに、彼自身が女性的な声の持ち主ということもそうだし、"being"と"doing"あるいは「女性性」と「男性性」を語っている人でもあるから、マインドも女性であると同時に男性であったということに、心が開かれていた。

私もそういった在り方に私自身を重ねるところがあります。中途半端というか「二股をかけてる」っていう生き様を示した人、あるいは書き方を示した人、あるいは精神分析のなかで在り方を示した人だと思うんだよね。だから、フロイディアンやクライニアンやら名前がついているグループをなして、そこに同質の人間を集めようとする動きとは違うと思います。彼自身が「ウィニコッティアンというのはいない」と言っているわけです。誰も他人のレプリカになることはできないわけですから、その個性的な在り方は、ある意味では「あらゆる人が中途半端で何かと何かの間にいる」という意味では日本人的な〝人間〟の感覚、人と人との間にいると感じていた人だと思いますよ。

精神分析するなら、彼の父親との関係や母親との関係を考えれば、彼自身がいつもずっと'betwixt and between'というか、「どっちつかず」というところに自分を置いていたのではないかという、原点にもつながると思います。そして私は〈中立性〉とはそういうものだなと思うんですよ。

私自身の在り方にもそういうところがある。ミュージシャンでありながら医学や精神分析を学んだという両方があるのでね。文化的には音楽を奏でることと考えることや言葉で語ることっていうのは、矛盾する場合が多くて、二項対立になる場合が起きやすいところなんだけど、その両方を併せもつところに喜びと苦しみの両方があるな、っていうのが私自身についても思うところです。

特に作詞家であるっていうのは、歌いながら考えるということで、その両方であろうとしていると思うんですよね。情緒的であると同時に、言語的・知的であることを成し遂げるっていう、一時期そのことを仕事にさせていただいたのは、本当に私にとってありがたかったと思うね。これは誰しも、やりたいと思っても、なかなかさせてもらえない仕事ですよね。

特に日本人にとっては、ベートーベンの「第九」が大好きなのは、やっぱり、言語と音楽の両方が成立するところだと思うんです。私のは「喜び」なんだけど、社会的に作詞家というかたちで早くから居場所を与えられたということは、ある意味では甘やかされたようなもので、注意すべき幸運だったと思いますね。だからウィニコット論から第九まで、あるいは作詞家であることまでつながって、深く通底する大きなテーマだと思いますよ。広義の精神分析はこれを可能にしようとしているのかな、と思うくらいです。

いつも言うように、「通じるための情と分かるための知」っていうのが成立するところで、私が〝葛藤〟を生きるっていうのが大事だということ。フロイトが「ヒステリー研究」で示して以来のことだと思うんだよね。

◇ ウィニコットも、フロイトがヒステリー研究以降「知を探求しながら情に開かれていく」、その〝葛藤〟

に生きるということを、受け取っていたと考えられるわけでしょうか。

「ヒステリー研究」以来の問題提起ですよね、片方で主知主義的・啓蒙主義的な態度を掲げながら、片方で衝動とか欲望とかを探求する、これってなかなか両立しないわけですよね、それが〝あれかこれか〟というように対立するところに、ヒステリーというか症状が生じるわけだから。その症状の言語的な解釈をおこないながら情緒を解放していくという、そのときに起こった〝あれとこれと〟の運動がずっと続いているんじゃないでしょうか。

◆ 非常に興味深くて、先生がいまおっしゃったことは、科学的な思考に神話的思考を加えていくという議論と重なってくるように思っているんです[1]。それを「精神分析的思考」と先生も呼んでおられると思います。

分析的な思考というより、おそらくそれと同時に'synthesis'なんだよね。つまり「生成」。「分析」という語感だと〝あれかこれか〟に分けてしまうんだけど、'synthesis'っていうのは〝あれとこれと〟になるんだよね。つまり、合成的であり、束ねて織り込んでいくこと。

◆ 精神分析的な生成ですか……！

「紡績」っていうか、束ねるとか、同時発生だよね、不純な共存というか……。

◇ 先生のこの考え方っていうのは、すごく精神分析的と言えるし、日本的とも言えるものでしょうか[2]。

それは日本の芸術なんかを見ていてもわかりますよ、日本ではたとえば絵のなかに字を書きこむという在り方は絵画に散見されるわけですよね、ところが西洋絵画を見ていると、それは避ける。絵のなかに文字はないわけです。絵と字の両方が共存するかたちで作品を完成する芸術運動というのは、日本には多く在るわけです。そういった、西洋的に共存しにくいものを共存させる芸術性って日本的にはあり得るわけですが、逆に、日本においては排除されていても、海外にはそれがある事柄も大きい。

だから、日本人が果たして、未分化や混合に対して寛大で許容的かというと、当然ながらあるものは許さないし、毛嫌いするしっていうところがあるのでね。日本でお寿司を食べるからタコやイカに対して許容的で、ある文化ではタコやイカが悪魔のように見られているということが言えたとしても、他のものに対しては日本人も非常に神経質ですから。むしろ、「それもあればこれもある」みたいな感覚で、世界を見るときの感覚が相対化される、というのが大事な運動かと思います。文化人類学の観点を得ることは、柔軟に考える頭を作ってくれるように思うんですよね。

◆ いまも私が「日本的でしょうか」と尋ねたら、「そうだけど、こうである」というように対話してくださいました。こういったところから、二項対立の間に立とうとする態度を学ばせていただいているようです。

たぶん、僕の頭がそうなっていると思いますよ。なにか二分法に固定しかけると、「そうだけど、これもある」というように、あるいは「両方が大事なんだ」みたいに……。

患者さんと対話していると、ほとんどの患者さんが、あれとこれとを分裂させて考えようとします。怖いものと怖くないもの、嫌いなものと好きなもの、こういったものがたくさんの面で分裂してますから。それを同時に両方が共存する世界へと、広げて、持っていこうとすることが仕事としてよくあるので、ここにおいてもそれが出ていると思います。

分析家は〝あれかこれか〟のどちらかになるのではなくて、〝あれとこれと〟の両方のなかに身を置いているのがいちばんよいと思います。

◆ 先生のお話をうかがったうえで、これは挑戦になるかもしれませんが、先生はこの二項対立の間に立ちながら、あるいは共存させながら、そこに「束ねる」という動きがあり、Synthesizingという動きがあって、そこに私は、相対主義ではないある種の「方向性」みたいなものを感じるんです。誤解を招くかもしれないですけど、なにか〝普遍〟のような……。‘being’に向かっていくことなのかもしれませんが、ものとしての普遍ではなくて、考え方としての普遍に向かっていくように思われます。たとえば先生は「私たちのなかにあるけど、でも西洋にもあるよね」とおっしゃいます。その人間理解としての〝普遍〟というか「共有されているもの」を感じていらっしるのかなと。そのあたりをよろしければ、お願いします。

具体的な人生を生きていくのは個人個人なのだから、この本の読者や患者さんの個別の人生は一個ですよ。そんな二つも三つも生きていない。「あれもあるしこれもあるし」って言えたとしても、おそらく読者や患者さんにとって、あるいは私たちにとっては、「明日どう生きるか」は一個しかない。最終的には取り返しのつかない選択をして一個を選んでいるんだと思うんですよね。

ですから、少ない選択肢ですがそこから自由に選んでいただいたらよいのであって、私たちが可能にして差し上げたいのは、人生物語の語り方は「あれもこれも、あるよね」っていうところです。

私の夢の話をしますが、ここはある意味、旅行代理店みたいなところです。「どこにも行けないし……あそこにしか行けないのか……」ということで悩んでおられる方には、出発地点の心境にできるならお戻ししたい。それが‘divide’っていわれる〝分かれ目〟。もし分かれ目に心が回帰できるのであれば、旅行代理店の案内を聞けば、もう一遍、気持ちのうえで人生を選び直せるかもしれない。違う切符を買うことができる。そこからどこに行かれるかはチケット売り場で決めていただいて、ということなんじゃない？　我田引水的なメタファーとしては。

だから「普遍」ということを荻本さんが求めるのであれば、人生物語を紡ぎ直す際に錯覚としての〝分かれ目〟に退行すること。それで人生を語り直せるのであれば、そこが普遍な地点、原点回帰なんじゃないですかね。あるいは平凡な「ふるさと」みたいなものじゃないかな？　淡い空想の出発地点に戻るっていうこと。

なんでこういう人生になったかというと、あのとき原点から右に行ったからですよね。左にも行ける場所にもう一遍、戻ることができれば、「あぁこういう生き方もあったんだな」っていうことがわかる。そうすると、〝あれとこれと〟を総合する生き方が始まるかもしれない。こういうときですから、当然、楽観的にいえばですが。

〝あれかこれか〟で悩んだり「あれじゃなかった」ことを悔やんだり、「あれしかない」ことを狭いと感じたり苦しんだり閉じ込められたように感じることから、何年もかけて広がりと選択肢の広さに目を向けること。あと一日、人生が残っているだけでも、昨日とは違う人生となり得るっていうことに気がつくこと。〝あれかこれか〟で分裂していたのを、重ね合わせることができる領域に立つ、そこに患者さんをお連れできたらまさに夢みたいですね。歌だと言ってもいい。

◇ 〝分かれ目〟に戻る。「ふるさと」もそうですし、先生がよくおっしゃる「駅」もそうでしょうか。

そうそうそう。コロナ禍にこれを重ね合わせると、今これは旅先だと思うんだよね。

実生活とか日常とかノーマルとかっていうことが原点で、そこから今は放り出されてしまって、心は浮遊しているわけだよね。勝ってるのか負けてるのか、退却すべきか進むべきか、あるいはLockdownかGo To Travelかみたいな、そのあいだでふらふらしている。浮遊感がすごくあるんだけど、これは「プラットフォーム」を失った旅先感覚だと思うんですよね。

旅先での出来事なので、旅先の浮いた感覚を自覚して話すべきだと思うし、落ち着きのないこの状態で新しい国の言葉を作り出すのはまだ早い状態だと思うんですよね。New Normal、withコロナなんてことを言っているけど、ワクチンがうまくいけば、withoutコロナになるかもしれないんですよね。今は不確実な状態です。にもかかわらず、逆に古い言葉で捉え直して、それを新しい文化としてこれからも継続するありようとして捉えるのは、私にはできない。今は旅の途中であって、やがて振り返ると良かったか悪かったか決定されるような話じゃないですか。だから、今こそ〝分かれ目〟なのかもしれないのです。

そうすると、「現在をとらえる確かさ」って何にあるのかっていうと、やはりそれは'internal setting'あるいは〈内的構造〉ということになると思うんだよ。あなたも書いておられたけど。

◆ あ、はい！　ありがとうございます。「不在の部屋と身体」の章で論じました。

'internal setting'というのは、心のなかに構造があるっていうか、心のなかに設定があるということ。「外」

の設定が動くときには、心の「なか」に我々がどのような設定を持っているのかが問われる、ということじゃないですか。そうすると、現状としては、外の設定が動いているので、私たちの心で構造化している部分に頼らなければならない、あるいは〝心の地図〟を辿らねばならない状況だと思うんだけど。

そこで、いちばん信じられる〈内的構造〉化の手掛かりは、「知」と「情」と「私」です。精神分析をやっていてよかったなと思うのは、お父さんとお母さんと子ども、超自我と自我とエスとか、あるいは衝動と防衛と不安、私たちは三点を巡って心が構造化されていると教えてくれたことです。

これから行きたいところ（エス）と、それについて不安を伴うことをメッセージとして感じる（超自我）、そしてそれをどう生きるかという〈私〉（自我）この三つを束ねることで、私は心を合成 *psycho-synthesis* している。

行きたいところっていうのは、先ほど言った〝分かれ目〟の夢、あるいはこの本の主題の〝あいたい〟の向かうところで、そこは究極の「密」な場所。行ってはいけないというのは「コロナ」あるいは「防疫」や、感染してはいけないという要請、であるとすれば、それを〈私〉がどう生きるか。

同調圧力のなかでもっとも無意識化されやすいのが、〈私〉つまり自我だと思うんです。周囲は「自分勝手は許されない」とか言うんだけど、でも、「どこ行きの切符に乗るのか、船に乗るのか、列車に乗るのかっていう最後の選択は〈私〉にあるんだ」っていう可能性を、内側に秘めた思いとして持っていないと、どこかに連れていかれてしまう。同調圧力に乗せられてしまうということがあると思いますよ。

◇　この三点のなかで葛藤しながら、というところに、北山先生の時間論があると思うんです。先生が語る〈今〉というものがすごく広く感じられる。時間論のなかで〈今〉というものを広くとっていらっしゃる。広くというか深くというか……。

明日どう生きるかは自我が選んでいて、それをどう決めるかは自我であり〈私〉であって、それを信頼してもよいということでしょうか。

その〈私〉を信頼してよいのは、「知」と「情」の両方が見えるからだと思うんですよ。やっぱり、情に流されやすいのを食い止める知識とか、展望とか、超自我的な圧力があって、そしてエスを感じるからだと思いますよ。知識と共に、流されやすい「愛」を感じるからだと思いますよ。

荻本さんが「そこが広い」とおっしゃってくださったので、そうかなと思うのは、やっぱり、歌の世界と知識・学問的なところが両方あるから、そこに広がりを感じていただけるのかもしれないですね。私の頭は常に両方だと思います。歌いながら考えています。みんなは考えているときは歌わないし、歌っているときには考えていないように見えますね。しかし、そういうときに心は狭くなる。情緒的なだけだったらヒステリーだし、知的なだけであれば強迫的だし、どっちかになると思うんだよ。

そんなヒステリーと強迫神経症の両方を発症するなんて、難しくて仕方がないようです。でもみんな憧れているんだよね。

◇（笑）そうだと思います。

「第九」の合唱みたいなもんなんだよ。やっぱり年末にしか許されないものがあると思うんだよね。でも僕の小さな「第九」は毎日、いや毎週末だな。

◇ そうなんですね（笑）。

それでレジリエンスがあるのだと思います。

◇ 北山先生のこの在り方というか「考え方」「言い方」というのが、psychoanalytic synthesisということになるのかなと、心が動かされています。

まぁね、でもさ、第九の話でいつも思うのは、一方で歓喜であるし喜びであるし、音楽と言葉が共存するという世界がベートーベンによって実現するわけだけど、この「歓喜」っていうのは、相変わらず誰かを差別しているし、誰かを蹂躙しているところがあると思うんです。第九を歌いながら人種差別が実践されていた例があったわけだよね。収容所における第九といったテーマもありますから。ワーグナーの音楽やオペラがいくら素晴らしかったとしても、ワーグナーとナチズムっていうのは共鳴してたわけですよね

◇ そうですね。

いくらジョン・レノンが"Imagine"で平和を歌ったとしても、ビートルズを歌いながらベトナム戦争で人を殺していた戦士もいますよ。あれもあるけど、これもあるんだよ。常に、裏もあれば表もある。今の旅先の状態では、こういうことを知っておかないと足元をすくわれるからね。ですから、あまりオプティミスティックにいられないので、「両方ですよね」と言いたい。

◇ つい歓喜していまいました。

そう。だから、地獄に落ちることを常に予感しないと……。《帰って来たヨッパライ》なんです。酒はうまいしネーチャンはキレイだけれども、同時に神から追い出されるんですよ。で、気がついたら畑のど真ん中で目が覚める。最終的に目が覚めるのが〈自我〉。「酒はうまいしネーチャンはキレイだ」が「情」、神様が「知」であるとすれば、この三つがあわさって一幅の絵なんだよ。出来過ぎと思うけど、うまいこと言ってると思う

よ（笑）。

「知情意」というわけだけれど、「智に働けば角がたつ、情に棹させば流される。意地を通せば窮屈」なんですよ。どの一点に住もうとしても住みにくいんだよ。それに気がついたときに、絵や詩がうまれるって夏目漱石が言っているんだから、そうだなと思うよ。どれに寄りかかればいいっていうわけではない。どの一点にもおさまりがつかないんだと思う、心って。でもこれが心の地図じゃない？　科学と神話とその両方を生きる〈私〉って。これしかないんだよ、私たちが提示できる心のsetting（設定）というのは。

◇最後にうかがいたいのですが、先生は「多神教的な自己」ということをおっしゃっています。[3] 先生の国際的なお仕事や、国際主義、あるいは世界における多元性のご経験が、先生の多神教的な在り方、多元的な在り方にどのように影響しているのか、というのをお聞きしたくて。

うん、最近おもしろい出来事もありました。Jan Abramというロンドンの精神分析家とやりとりをしているんだけど、彼女は浮世絵の母子像に注目している。そしてインドにJhuma Basakという分析家がいて、彼女が相変わらず私の考えに興味をもっていたりとか。二、三の方と連絡をとりながらコロナ禍のことを考えています。

今年は韓国の精神分析グループが設立されて何十周年を迎えるとかで講演するんですけど、最初は韓国に行って話をするはずだったのが、Zoomでやるということになっています。「分析家になる前にミュージシャンであったことが、どのように精神分析の在り方に影響しているのか」っていうことをしゃべってほしいっていうんですよね。

先ほど言いましたように、私には、甘やかされたと思う体験があります。〝あれとこれと〟だということや、知だけでなく情だとか、あるいはウィニコット的に解釈だけでなく退行であるとか、遊ぶことであるとか、っていうことを少しは人に耳を傾けてもらいながら私が語れているのは、やっぱり、音楽をやってそれなりに社会性を得たからだと思うんですよね。単なる学生バンドをやっていただけでは、社会性のなかに遊びだとか退行だとか祝祭意識を持ち込むという私の主張に対して、多くの人が疑問をもたれたと思いますし、「何を言い出しているんだろう」と、唐突さを感じたでしょうね。

もちろんそれなりに苦労しました。しかし、私がこのように「二股」を語っていられるのは、早くから多くの人にその苦労や不純さにも関心をもってもらって「あぁそうだろうな」って思ってもらえるところなんですよ。私の楽観論に説得力があるとしたら、私がそれを「天国からの追放」の恐怖とともに生きてきたからなんだよね。十年前も二十年前も似たようなこと言ってたし、振り返ってみれば五十年前も《コブの無い駱駝》という歌で「居場所の喪失感」を言ってたわけだよ。そしてこの一貫性を可能にしたのは、やっぱり《帰って来たヨッパライ》があるからです。

◇ そうなんですか。

一九六七年に公共性を得たんですよ。私の幻想と幻滅の体験が、世界との接点を得た。社会との接点を得たことが、私をこんにちこれを語ることを可能にせしめているというか、歴史というか、事実なんだよね。だから、毎日が第九になりかけて、神様に追放されてまた目が覚めるので、辞めてはこれを繰り返す。

◆ 世界との接点が、そこにあったと。

《帰って来たヨッパライ》のなかにエディプス・コンプレックスが描かれていたわけじゃないですか。あれの繰り返しなんだよ、人生は。ずーっと私はそれを私の分析家に語り、分析家からそれを解釈され、そして今日も私は、私に解釈をし、患者さんにそれを解釈し、語っているわけじゃないですか。

だからこの五十年間が、私にとってはコロナ禍の連続であったんです。つまり「天国と地獄の反復」という状態だったんですよ。こんにちも、このコロナ禍においても、この感覚で間違いないんだと思う。つまり"internal setting"あるいは内的な物語としてのエディプス・コンプレックスということで。

この構造化がある限り、どんな無構造や多神教やあるいは混乱が来てもそんなに恐れることはないと思っているんでしょうね。

◇　始まりは《帰って来たヨッパライ》だった。

始まりだけではなく、終わりもそうですね。作品は、意識させられたキッカケですよね。あるところにも書いたけど、精神分析を一生の仕事にしようとしたのは、《帰って来たヨッパライ》がなぜあんなにも人に受容されたのか、ということへの回答を得たからです。エディプス・コンプレックスであったというのが答えだった。そして一九七六年に、モーズレイ病院の図書館でフロイトの本を読んでいたときに思ったことなのです。「なぜ《帰って来たヨッパライ》が皆さんに愛されたのかが、精神分析で説明されている」と。

◇　その問いが、先生の中にずっとあるんですね。

問いというか自負というか、覚醒というかね。叩き落とされて畑のど真ん中で目が覚めたんですよね。精神分析を受け、分析家にそう解釈されていましたから。「お母さんを音楽で慰めようとしながら、医者になってお父さんを喜ばそうとしている」――私の一生の解釈ですよね。私がおもしろいと思うのは、精神分析を知る前に既に作品があったということなんですけど。

◇　精神分析する前から、この構造、この内的設定に気づいていて、表現して歌っていたわけですからね。

そして、そのなかで神様の役をやっていたわけですから（笑）。

◆「もっと真面目にやれー」って（笑）。

延々とその声が聞こえてますよ。そして空虚な音で、悲しみ、怒り、恐怖、そして痛みを味わいながら大地に叩き落とされるのですから。苦楽の葛藤とか矛盾とかはあるけど、何十年か生きて、空虚には少しは慣れましたかね。

◆内的設定〔内的構造 *internal setting*〕を、このように教えていただけるとは思ってもみなかったです。

だから、構造化されている部分とともに、構造化されていないこれからの未来や、過去が、延々と広がっている。常に構造化の運動と、構造化されていない自己が接点をもって、そのあいだで歌を作り続けているようなところがあるんじゃないかな。

僕はこの装置を信用しているんだと思うのです。この装置のおかげで《コブの無い駱駝》も出来たし、そのほかの歌も出来たわけじゃない？　今もそれで論文を書いているんだと思う。フロイトが言うようにいっぱい書いて、自由に話して、最後のところで推敲して構造化する。自由連想しながら常にそれを推敲して elaborate して、作品となす。

この運動。これはフロイトの運動でもあったし、私のことでもあるし、皆さんの運動でもあったらいいなと思うんですよね。

❖ 先生はこの運動に信頼を置かれていらっしゃるのですね。

はい。この三角運動、トライアンギュレイティング *triangulating* という自己の内的運動によって、混乱や混沌が構造化され矛盾と葛藤がこなされていくように思います。この知恵を伝えていきたいと思うところですね。私が生きている限りにおいていちばん信頼できる「心の見取図」、羅針盤なんだと思う。フロイトが言うところの心的装置 *psychic apparatus* ですね。

❖ この運動や装置、そして内的設定を、この本を通して伝えていけたらと願っております。今日は、このコロナ禍のなかで新しく臨床や訓練を始める方々、私もそうですが、そういった方々に向けてひとつのメッセージをいただきました。

僕もそう思います。不幸な時代ですが、これが〝精神分析からの贈り物〟だよね。ありがとうございました。

◇ 北山先生、ありがとうございました。

※この「問答」は二〇二〇年十二月二十四日にZoomを用いておこなわれた。

(1) 北山修 (2020)「日本人の神話的思考が機能――精神分析医が読み解くコロナ」朝日新聞デジタル（五月二十六日）https://www.asahi.com/articles/ASN5T3J9LN5RUCFI001.html（二〇二〇年十二月六日閲覧）
(2) 北山修 (2019)「構造化されない自己」心理臨床学研究37(1)：1-4.
(3) 北山修 (2019).

おわりに　——コロナ禍の社会と精神分析的臨床

二〇二一年一月、私が訓練を受ける米国New Center for Psychoanalysis（IPA, APsaA）が主催しているオンライン講演会に参加しました。講演では、イスラエルの精神分析家・訓練分析家であるオフラ・エシェル氏 *Ofra Eschel* が、心的キメラ（異類混交）[†1] *psychological chimera* あるいは "be(come)ing-in-oneness" といった新たな臨床的事態について講演していました。[1] 深刻なトラウマを抱える患者の治療過程において、患者と分析家が一体となり、一つの全体を成すことが、患者の最早期のトラウマあるいは剥奪経験の分析を促すというものです。印象的だったのは、エシェル氏が、しきりに精神分析における「存在論的転回 *ontological shift*」を訴えていたことでした。分析的ペアのキメラ化、あるいは患者と分析家の相互接続という事態は、患者と分析家の二人が一つの部屋に実在するからこそ起きるのだ、と主張していました。そして、現在の二者関係や間主観性、関係性に着目した精神分析の次に必要なのは、存在論的転回であると言うのです。

New Center for Psychoanalysisは米国ロサンゼルスに位置するインスティチュートです。ロサンゼルスでは、ワクチン接種が始まってはいますが、新型コロナウイルスのパンデミックが続いており、現時点では全ての実践と訓練を遠隔でおこなわざるを得ない状況です。英国と同様に米国でも、臨床家たちはオンラインによる遠隔の分析の経験と知見を重ねようとしています。その渦中に、エシェル氏は「共に実在すること」で生じる分析家と患者の一体の意味を訴えたのです。聴いていたロサンゼルスの分析家たちの多くは、衝撃を受け、そして肯定的に評価していたように見えました。

エシェル氏の言う存在論的転回が、新型コロナウイルスの影響の過小評価の延長にあるとは思えません。米国や日本とは人口の差があるので、単純な比較はできませんが、イスラエルはロックダウンや公共機関の一部閉鎖といった政策を柔軟に用いて猶予の時間を作りつつ、世界に先駆けて大規模なワクチン接種をおこない、すでに国民の三割を超える人が接種を済ませており、高齢者やエッセンシャルワーカーはもちろん、十代の人にまでワクチンが行き渡りはじめました。政府が質の高い医療政策とワクチンの確保を含む疫病対策をおこなっていることが背景にあるからこそ、臨床家が幅広い治療設定の選択肢をもつことができる。そして、「共に在る」ということを積極的に訴えられるほどになった、と言えるかもしれません。一方で、イスラエルはガザ地区やヨルダン川西岸地区に住居するパレスチナ人にはワクチン接種をおこなっていない、という批判もあります。

また、エシェル氏を称賛したロサンゼルスの精神分析家たちも、前大統領が「コロナの九九%は無害」「コロナは大したことはない」と言ったようなコロナ軽視に連なってはいないと思います。米国精神分析学会（APsaA）は、二〇二〇年の大統領選挙でコロナ対策が争点になっていたこともあり、トランプ政権のコロナ対策を批判し、積極的対策の必要性を主張するとともに、遠隔分析を含む精神分析的臨床がコロナ禍において必要だと主張してきました。APsaAに所属するインスティチュートでも、声明に賛成する声が多かったと聞きます。反科学主義や陰謀論に抗する姿勢も示していました。興味深いことに、これらの動きは、精神分析的臨床における黒人差別や人種差別の問題（Black Lives Matter）を考えていくことと並行しています。

各国が進もうとする未来を実現しているイスラエルの分析家と、いまだパンデミックのどん底にあるロサンゼルスの分析家が対話し、日本に居る私もオンラインで同時に参加している。ちなみに日本では一月に政府がGo To政策を休止し、再度の緊急事態宣言が発出されていますが、高齢者へのワクチン接種の時期がいつになるかもわからない状況です。私は、その講演会に参加することで、臨床家が居る国やその政府の医療・経済政策のあり方が、精神分析的な臨床にこれほどまでに差を生じさせていることに衝撃を受けたのです。これは文化差といった概念に吸収されるものではありません。各国の医療・経済政策の差の問題です。そして、私たちは政府や自治体、あるいは所属している機関のコロナ政策・対策を、受身的に甘受して動いているところがあるのではないかと感じたのです。

日本では、このような社会的なテーマに臨床家が取り組もうとする際には、個人の内面が疎かになるという批判が浮上しやすい歴史があり、難しい問題を孕んでいるとは思いますが、今回のコロナ禍で明らかになったように、私たちの臨床はこれまでも社会的な問題に強く影響を受けてきたのであり、日々の臨床と社会的な問題のつながりを考えながら臨床をおこなっていくことを、また始めていく必要があるのかもしれません。

†1　心的キメラ・異類混交状態については、「異類混交状態と罪」《きたやまWebinar公開講座「心について――日本の文化・言葉・歴史から学ぶ》〔講演：きたやまおさむ／指定討論：荻本快、木立の文庫、二〇二〇年三月二日〕で論じた。

(1)　Ofra Eschel (2021) At the Frontier of Analytic Oneness: Presence, Withnessing and At-one-ment. 2021 Robert J. Stoller Lecture. New Center for Psychoanalysis, 23rd-24th January.

＊　＊　＊

本書の出版にあたって、シンポジウム「コロナと精神分析的臨床：距離、オンライン、会うこと」に参加してくださった方々にお礼を申し上げたいと思います。

この本のなかで「コロナ状況での営み」として紹介させて頂いている方々のご厚意にお礼を申し上げます。すべて実在の人物がわからないよう改変を施してありますが、現場のリアリティを読者の皆様に伝えられることに感謝いたします。

この企画は、久保田剛史氏との議論に多くを依っています。心より感謝しています。

「きたやまWebinar」〔木立の文庫主催〕のときからお世話になり、親身に相談に乗っていただき、愛情をもって本づくりに携わってくださった津田敏之さん、編集協力の小林晃子さんにお礼を申し上げます。丁寧に造本していただいた寺村隆史さんと、深い理解に基づきイラストを描いてくださった坂本伊久子さん、ありがとうございます。

この本の出版にあたっては相模女子大学出版助成費の助成を受けました。感謝とともに記します。

いつも私に刺激をくれ、サポートしてくれる家族に感謝します。

二〇二一年二月二日

荻本　快

著者紹介

（特別寄稿：掲載順）

石川与志也（いしかわ・よしや）

国際基督教大学大学院教育学研究科博士後期課程単位取得退学、ルーテル学院大学 准教授、東京大学駒場学生相談所 非常勤講師、臨床心理士。**主な関心**：精神分析的心理療法、青年期、ジョークとユーモア。

関 真粧美（せき・まさみ）

早稲田大学大学院人間科学研究科修士課程修了、南青山心理相談室、臨床心理士。**主な関心**：成人を対象とした精神分析的（個人）セラピー。

岡田暁宜（おかだ・あきよし）

名古屋市立大学大学院医学研究科修了、医学博士、名古屋工業大学保健センター長 教授、精神科医師、日本精神分析協会正会員・訓練分析家。**主な関心**：精神分析、精神分析的精神療法、力動精神医学。

著者紹介
（シンポジウム章：掲載順）

揖斐衣海（いび・えみ）

国際基督教大学大学院教育学研究科博士前期課程修了、KIPP渋谷心理オフィス、国際基督教大学カウンセリングセンター、臨床心理士。**主な関心**：精神分析的な個人療法・カップル療法・集団療法。

山本雅美（やまもと・まさみ）

広島大学大学院教育学研究科博士後期課程単位取得退学、武蔵境心理相談室、臨床心理士、William Alanson White Institute 認定精神分析家。**主な関心**：対人関係由来の傷つき、生きにくさ、自己の問題。

奥寺 崇（おくでら・たかし）

群馬大学医学部卒業、クリニックおくでら、精神科医、精神分析家（日本精神分析協会、国際精神分析協会）。**主な関心**：精神分析、児童思春期、外傷体験と発達。

笠井さつき（かさい・さつき）

上智大学大学院文学研究科心理学専攻博士後期課程単位取得退学、博士（心理学）、帝京大学心理臨床センター 教授、臨床心理士。**主な関心**：精神分析的心理療法、女性性。

西村 馨（にしむら・かおる）

国際基督教大学大学院博士後期課程単位取得退学、国際基督教大学 上級准教授、臨床心理士。**主な関心**：児童・思春期、集団精神療法、社会的無意識、MBT。

飯島みどり（いいじま・みどり）

慶應義塾大学大学院社会学研究科修士課程修了、慶應義塾大学 学生相談室、南青山心理相談室、臨床心理士。**主な関心**：精神分析的心理療法・対象関係論。

編著者紹介

荻本 快（おぎもと・かい）

国際基督教大学大学院教育学研究科博士後期課程修了、博士（教育学）。
相模女子大学学芸学部 准教授、相模女子大学子育て支援センター相談室、国際基督教大学教育研究所 研究員、米国ロサンゼルス New Center for Psychoanalysis (IPA, APsaA) Member, 米国精神分析学会 (APsaA) Candidate Member.
著書と論文：『現代心理学入門』『生涯発達臨床心理学』『青年期初期における両親への同一視の意味』"Inability to Mourn" in Japan after 1945. International Psychoanalytical Association, 51st Congress in London. 27th July 2019.
主な関心：精神分析、集団療法・集団過程、メンタライゼーションに基づく治療（MBT）

北山 修（きたやま・おさむ）

京都府立医科大学卒業、医学博士。ロンドンのモーズレイ病院およびロンドン大学精神医学研究所で卒後研修。帰国後、北山医院（現・南青山心理相談室）院長。九州大学大学院人間環境学研究院および医学研究院教授、国際基督教大学客員教授、白鴎大学副学長を経て、現在、北山精神分析室で個人開業。九州大学名誉教授、白鷗大学名誉教授。前日本精神分析協会会長、元日本精神分析学会会長。国際精神分析協会正会員。

主な著書：『悲劇の発生論』『錯覚と脱錯覚』『幻滅論』『劇的な精神分析入門』『覆いをとること・つくること』『最後の授業』『評価の分かれるところに』『意味としての心』『定版　見るなの禁止』ほか多数。

ミュージシャンや作詞家としての活動でも知られる。

コロナと精神分析的臨床《せいしんぶんせきてきりんしょう》
「会《あ》うこと」の喪失《そうしつ》と回復《かいふく》

2021年3月20日　初版第1刷発行

編著者　荻本 快・北山 修
発行者　津田敏之
発行所　株式会社 木立の文庫
〒600-8449
京都市下京区
新町通松原下る富永町107-1
telephone 075-585-5277
faximile 075-320-3664
https://kodachino.co.jp/
編集協力　小林晃子
造本・組版　寺村隆史
イラスト　坂本伊久子
印刷製本　亜細亜印刷株式会社

ISBN 978-4-909862-18-1 C1011